菊池省三

365日の
コミュニケーション指導

対話と絆をつくる最高の教室

菊池省三・菊池道場 著

JN043636

明治図書

はじめに

　私には，夢があります。それは，「コミュニケーション科」という教科をつくりたいということです。そのための第一歩がこの本です。

　年間200回を超える飛び込み授業を行います。その中で，コミュニケーションと板書して，「カタカナです。ひらがなと漢字で，意味を言い表してみてください」という指示をよく出します。子どもたちは，あれこれ考えます。「会話」「対話」「つながり」「伝え合う」……などと言います。私は，全てを認めた上で「あたたかい人間関係」とまとめます。

　コミュニケーション力は，相手を理解し，相手を好きになり，一緒に成長していくために必要な力だと考えています。子どもたちにとっても，人間形成に大きな影響を及ぼす力だと考えています。

　本書は，全国の菊池道場のメンバーの力でできあがりました。コミュニケーション指導のポイントを，

①価値語の指導

②コミュニケーションゲーム

③ほめ言葉のシャワー

④対話のある授業

⑤スピーチ指導

⑥ディベート指導

の６つのメソッドから捉え，日々の指導の具体的な在り方を示しています。

　学級の実態に合わせて活用していただけると，笑顔あふれる絆の強い「最高の教室」ができることでしょう。そう確信しています。また，『菊池省三　365日の学級経営』『菊池省三　365日の価値語』（ともに明治図書）とあわせて実践されることで，菊池実践が学級づくりや授業づくりに有効であるということも，実感していただけるのではないかと思います。

　全国の教室にあたたかい人間関係が築かれ，そこで子どもたちが成長し続けることを願っています。　　　　　　　　菊池道場道場長　　菊池　省三

Contents

2章 対話と絆をつくる 365日のコミュニケーション指導

出会い　コミュニケーション力あふれるクラスを目指す

1学期　言葉の力の原石を磨く

2学期　それぞれの豊かな表現をつくる

3学期　価値ある言葉があふれるクラスにする

序章

最高の教室をつくる
コミュニケーション指導

６つのメソッドでコミュニケーション力 あふれるクラスをつくる

価値語の指導

　荒れた学校に勤務していた二十数年前のこと。私の教室に参観者が増え始めた頃，ある先生が，

　「菊池先生のよく使う言葉をまとめてみました。菊池語録です」

と，私が子どもたちによく話す言葉の一覧を見せてくれた。

　子どもたちを言葉で正す，ということを意識せざるを得なかった私は，どちらかといえば父性的な言葉を使っていた。

・私，します。

・やる気のある人だけでします。

・心の芯をビシッとしなさい。

・何のために小学生をしているのですか。

・さぼる人の２倍働くのです。

・恥ずかしいと言って何もしない。

　それを恥ずかしいというんです。

といった言葉である。

　このような言葉を，私だけではなく子どもたちも使うようになった。

　価値語の誕生である。

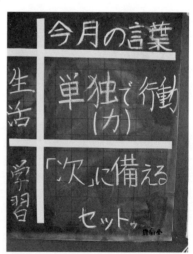

　全国の学校，学級を訪れると，価値語に出合うことが多くなった。その学校，学級独自の価値語も増えている。子どもたちの素敵な姿の写真とともに，価値語が書かれている「価値語モデルのシャワー」も一般的になりつつある。

言葉が生まれ育つ教室が，全国に広がっているのである。

大村はま先生の「ことばを育てることは　こころを育てることである　人を育てることである　教育そのものである」というお言葉がある。忘れてはいけない言葉である。

「言葉で人間を育てる」という菊池実践の根幹にあたる指導が，この価値語の指導である。

コミュニケーションゲーム

私が教職に就いた昭和50年代は，コミュニケーションという言葉は，教育界の中ではほとんど聞くことがなかった。「話し言葉教育」とか「独話指導」といったものだった。

平成になり，「音声言語指導」と呼ばれるようになったが，その多くの実践は音読や朗読の指導だった。

そのような時代から，私はコミュニケーション指導に力を入れようとしていた。しかし，そのための教材や先行実践はあまりなかった。私は，多くの書店を回り，「会議の仕方」「スピーチ事例集」といった一般ビジネス書を買いあさった。指導のポイントを探すためである。

しかし，大人向けのそれらをストレートに指導しても，小学生にはうまくいかなかった。楽しい活動を行いながら，その中で子どもたち自らが気づき発見していくことが指導のポイントだと気がついていった。子どもたちが喜ぶように，活動をゲーム化させる中で，コミュニケーション力は育っていくことに気づいたのである。

例えば，対決型の音声言語コミュニケーションは，

・問答ゲーム（根拠を整理して話す）

・友達紹介質問ゲーム（質問への抵抗感をなくす）

・でもでもボクシング（反対意見のポイントを知る）

といった，対話の基本となるゲームである。朝の会や帰りの会，ちょっとし

たすきま時間に行った。コミュニケーション量が「圧倒的」に増えた。

　ゆるやかな勝ち負けのあるコミュニケーションゲームを，子どもたちは大変喜んだ。教室の雰囲気がガラリと変わり，笑顔があふれた。

ほめ言葉のシャワー

　菊池実践の代名詞ともいわれている実践である。30年近く前から行っている実践である。2012年に NHK「プロフェッショナル　仕事の流儀」で取りあげていただいたことをきっかけに，全国の多くの教室で行われているようだ。

　「本年度は，全校で取り組んでいます」

　「教室の雰囲気があたたかいものに変わりました」

　「取り組み始めて5年が過ぎました」

といった，うれしい言葉も多く耳にする。

　また，実際に訪れた教室で，ほめ言葉のシャワーを見せていただく機会もたくさんある。どの教室も笑顔があふれていて，参観させていただく私も幸せな気持ちになる。最近では，「ほめ言葉のシャワーのレベルアップ」の授業をお願いされることが増えた。

　次の写真がその授業の板書である。内容面，声の面，表情や態度面のポイントを子どもたちと考え出し合って，挑戦したい項目を自分で決め，子どもたち自らがレベルを上げていくという授業である。

どんな指導も同じだが，ほめ言葉のシャワーも子どもたちのよいところを取りあげ，なぜよいのかを価値づけて，子どもたちと一緒にそれらを喜び合うことが大切である。

　どの子も主人公になれ，自信と安心感が広がり，絆の強い学級を生み出すほめ言葉のシャワーが，もっと多くの教室で行われることを願っている。

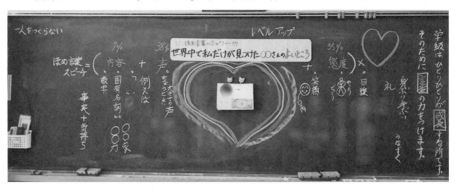

対話のある授業

　菊池実践の授業の主流は，対話のある授業である。具体的には，

・自由な立ち歩きのある少人数の話し合いが行われ

・黒板が子どもたちにも開放され

・教師が子どもたちの視界から消えていく

授業だ。教師主導の一斉指導の対極にある，子ども主体の授業である。

　私は，対話の態度目標を次の３つだと考えている。

①しゃべる

②質問する

③説明する

　それぞれの技術指導は当然だが，私が重視しているのは，学級づくり

的な視点である。以下のような価値語を示しながら指導する。例えば，

・自分から立ち歩く
・ひとりをつくらない
・男子女子関係なく
・質問は思いやり
・笑顔でキャッチボール
・人と論を区別する

などである。

　対話のある授業は，学級づくりと同時進行で行うべきだと考えているからだ。技術指導だけでは，豊かな対話は生まれない。形式的で冷たい活動で終わってしまう。

　学級づくりの視点を取り入れることで，子どもたちの対話の質は飛躍的に高まる。話す言葉や声，表情，態度が，相手を思いやったものになっていく。聞き手もあたたかい態度で受け止めることが「普通」になってくる。教室全体も学び合う雰囲気になってくる。学び合う教室になる。

　正解だけを求める授業ではなく，新たな気づきや発見を大事にする対話のある授業は，学級づくりと連動して創りあげることが大切である。

スピーチ指導

　私は，スピーチ指導からコミュニケーション教育に入った。自己紹介もできない6年生に出会ったことがきっかけだ。

　お師匠さんでもある桑田泰佑先生から，

　「スピーチができない子どもたちと出会ったんだから，1年かけてスピーチができる子どもに育てなさい。走って痛くなった足は，走ってでしか治せない。挑戦しなさい」

という言葉をいただいたことを，30年近く経った今でも思い出す。

　私が，スピーチという言葉をひらがなと漢字で表すとしたら，

「人前で，ひとまとまりの話を，筋道を立てて話すこと」

とする。
　そして，スピーチ力を次のような公式で表している。

「スピーチ力＝（内容＋声＋表情・態度）×思いやり」

　このように考えると，スピーチ力は，やり方を一度教えたからすぐに伸びるという単純なものではないといえる。たくさんの要素が複雑に入っている。だから，意図的・計画的な指導が求められる。そもそも，コミュニケーション力は，経験しないと伸びない力だからなおさらだ。
　私が，スピーチ指導で大切にしていることは，「失敗感を与えない」ということだ。学年が上がるにつれて，表現したがらない子どもが増えるのは，過去に「失敗」した経験があるからである。
　だから，
「ちょうどよい声で聞きやすかったですよ。安心して聞ける声ですね」
「話すときの表情がやわらかくて素敵でした。聞き手にやさしいですね」
などと，内容面ばかりの評価ではなく，非言語の部分にも目を向け，プラスの評価をくり返すことが重要である。適切な指導を継続すれば必ず伸びる。

ディベート指導

　私の学級の話し合いは，ディベート的だった。
　私は，スピーチ指導から子どもたちの実態に合わせて，ディベート指導に軸を移していった。その理由は，ディベートには安定したルールがあり，それを経験させることで，対話や話し合いに必要な態度や技術の指導がしやすいからである。
　私は，在職中，年に2回ディベート指導を計画的に行っていた。

1回目は，ディベートを体験することに重きを置いていた。一つひとつのルールの価値を，学級づくりの視点とからめて指導した。

　例えば，「根拠のない発言は暴言です。丁寧な根拠をつくることで主張にしなさい」「相手の意見を聞かなければ，たしかな反論はできません。傾聴することが大事です」「ディベートは，意見をつぶし合うのではなく，質問や反論をし合うことで，お互いの意見を成長させ合うのです。思いやりのゲームです」といったことである。これらは，全て学級づくりでもある。

　2回目のディベートでは，対話の基礎である「話す」「質問する」「説明する（反論し合う）」ということの，技術的な指導を中心に行った。

　例えば，「根拠を丁寧につくります。三角ロジックを意識します」「連続質問ができるように。論理はエンドレスです」「反論は，きちんと相手の意見を引用します。根拠を丁寧に述べます」といった指導を，具体的な議論を踏まえて行う。

　このような指導を行うことで，かみ合った議論の仕方や，その楽しさを子どもたちは知る。そして，「意見はどこかにあるのではなく，自分（たち）でつくるもの」「よりよい意見は，議論を通して生み出すことができる」ということも理解していく。知識を覚えることが中心だった今までの学びとは，180度違うこれからの時代に必要な学びを体験することになる。個と集団が育ち，学びの「社会化」が促される。

　ディベートのもつ教育観は，これからの時代を生きる子どもたちにとって，とても重要だと考えている。

〈菊池　省三〉

1章
コミュニケーション力を磨く
6つのメソッド

メソッド1
価値語の指導

　「価値語」とは，人の考え方や行動をプラスに導く言葉のことである。
　菊池氏は，この実践を菊池実践の中核を担うものであると述べている。
なぜならば，価値語は数ある菊池実践と複合的，相補的にからみ合うも
のだからである。
　成長に向かっている学級にはプラスの言葉があふれている。荒れた学
級ではマイナスの言葉が飛び交っている。教師ならばこの実感を誰しも
がもっているのではないだろうか。
　プラスの価値ある言葉である価値語を子どもたち一人ひとりの心の中
にどれだけ届かせることができるかが，学級や子どもを成長させていく
カギとなる。
　また，価値語は子どもたちがつくり出し，学級や集団全員が共有して
いく学級固有の文化である。価値語を学ぶことを通して，子どもたちは
価値ある共通言語を身につけ，よりよいコミュニケーション力を身につ
けていく。

価値語のねらいとは

　価値語のねらいといった時，どのようなものが思い浮かぶだろうか。学級
づくりの部分で価値語を取り入れているという先生が多いのかもしれない。
プラスの言葉を増やしていくこと，学習規律的な部分を育てること，公を意

識させることなど，様々な効果があるからこそ先生方もそれぞれのねらいを
もって指導しているだろう。

　しかし，価値語には絶対に欠かせないねらいがある。価値語について語る
菊池氏の言葉の中で，とても印象深かったものがある。

　価値語は，子どもたちにコミュニケーションができるようにするため
のものである。

　例えば，菊池氏が飛び込み授業を行う時に，必ずといっていいほど指導す
る価値語に「やる気の姿勢」というものがある。価値語を実践している先生
方も，１学期に学習規律を築くために指導している場合が多い。

　しかし，これは一斉指導の中で教師にやる気の姿勢で向かわせるためのも
のではない。子どもたち同士が学び合うための姿勢を指導しているのである。
子どもたちが互いに「がんばりましょう」という気持ちで，対話・話し合い
をしながら学び合うための心がまえを指導しているのである。

　また，「ひとりをつくらない」という価値語も同様である。単に授業の中
で仲間はずれをつくらないようにするためだけではなく，全員が対話・話し
合いを通して学び合い，成長していくことを指導するための価値語である。

　菊池氏は，「授業とは一斉指導ではなく，対話・話し合いが充実する授業
のことをいう」と述べている。価値語を菊池実践の中核とするならば，菊池
氏が述べるような授業観のもとで価値語を指導することが大切である。

■ コミュニケーションを通した学びの土台をつくる

　対話・話し合いを通した学びができる教室をつくるためには，学級全体の
土台づくりが必要である。価値語を指導することには，学級全体をプラスの
方向に導き，対話・話し合いのある学習のための土台をつくる役割がある。

　そのため，価値語指導の初期は，学習規律を中心に指導しながらも，次第

に公を意識した行動や，学級としての在り方について考えるような価値語を指導する。

　初期の段階では，次のような価値語を指導することが多い。

・中指ピンの挙手　・出席者ではなく参加者になれ　・ひとりが美しい

　このように，学習規律に関する言葉や１年間の心がまえに関する言葉を指導していく。ただし，このような価値語を教師から提示して指導するだけで子どもたちの行動が変わっていくわけではない。子どもたちの自発的な成長を促していくために，子どもたちが主体となって楽しみながら価値語をつくることができるようにしていくことが大切である。

中指ピンの挙手

　例えば前述の「中指ピンの挙手」という価値語であれば，モデルとして中指をピンと伸ばしながら挙手している友達の写真を撮り，子どもたちとあてはまる価値語を一緒に考えていった。こうすることで，自分もがんばろうとする子や，新しい価値語をつくり，それを実践しようとする子が増えてくる。

　また，他の菊池実践の中で，ある価値語に対して子どもたちが実際にできているかを振り返らせ，子どもたちのがんばりを価値づけていく。このような価値語指導をしていくことで，対話・話し合いの土台となる学習規律を身につけさせていくのである。

共通言語としての価値語とコミュニケーション

　私の担任する３年生の学級では，子どもたちがオリジナルの価値語を考える段階になった時，次のような感想が多く見られた。

> 「私の知らないいろんな言葉があることを知って楽しいと思った」
> 「前よりも友達の言いたいことがわかって話すのが楽しいと思った」

子どもたちが価値語を自発的につくるようになると，言葉に対する興味・関心が大きく高まってくる。同時に，子どもたちはお互いに何を伝えたいのかわかり合えるようになってくる。これは，価値語は学級での共有体験がもとになるということに起因している。

　例えば，私の担任する３年生の学級には「一聞耳力（いちぶんじりょく）」という価値語がある。読んで字のごとく，「一度で聞く耳の力」を高めることを目標とした価値語である。これを身につけるために，子どもたちは社会科の町めぐりの学習でこの価値語を学習目標のひとつに位置づけた。そして，見学の準備から見学当日まで全員が声をかけ合いながら一生懸命に意識して取り組んだことで，話の内容をしっかりと聞くことができるように成長した。

　このように実体験を通して獲得した価値語は，子どもたちの実感をともなう共通言語として，質問タイムやほめ言葉のシャワーはもちろん，普段の会話の中でも使われるようになっていった。そして，さらに言葉を獲得しようと，国語辞典やことわざ，四字熟語などの本で調べながら価値語をつくるようになっていった。

　また，価値語を通して語彙力が高まったことで，子どもたち同士が互いに伝え合いたいことを理解できるようになってきた。齋藤孝氏も『語彙力こそが教養である』（角川新書）の中で，「言葉の裏側にあるストーリーを共有することで，意思疎通の濃度がぐんと高まります。それが楽しいんですね」と述べている。子どもたちは，価値語による共通体験をもとにした共通言語を増やしていったことで，互いに伝えたいことが理解できるようになった。そして，それにより，友達とのコミュニケーションを楽しいと感じているのである。このように，価値語を学ぶことは子どもたちがコミュニケーション力を身につけるための実践である。この視点で菊池氏の授業を見つめ直した時，価値語の指導によって子どもたちがいかにしてコミュニケーション力を身につけていくのかがはっきりとわかるだろう。

〈曽根原　隼〉

メソッド2
コミュニケーションゲーム

　「コミュニケーションゲーム」とは，コミュニケーション指導を，「ゲーム」という手法を用いて行うものである。これまでも学校では，国語科の教科書のある単元として，話し合ったり折り合いをつけたりするコミュニケーション指導は行われてきた。しかし，それらは単発で終わることが多く，子どもや学級が変わる・真にコミュニケーション力が身につくといった成果に至ることは少なかったのではないだろうか。

　「コミュニケーションゲーム」の一つひとつは，それぞれねらいがはっきりとしており，身につけさせたい力を明確にして取り組むことができる。また，勝ち負けのある遊びなので，子どもの挑戦心に火をつけ，楽しみながらくり返し行うことができる。コミュニケーションのよさに体験的に気づかせ，他者と話し合う力や学級の関係性を高めていくことのできるメソッドである。

「コミュニケーションゲーム」のねらい

　この活動の目的は，コミュニケーションに関する知識・技術・態度の習得にとどまらない。そこからさらに，「それらを身につけて人間関係をよりよいものにする」「自分から他者と関わり，話し合い，考え合う力を身につける」「そういった話し合いの中で，お互いが成長し合う生活を目指そうという人間を育てる」ということをねらいとする。

「コミュニケーションゲーム」の5つのよさ

「コミュニケーションゲーム」には，「ゲーム」という特性上，次にあげる5つのよさがあると考える。

❶楽しさがある

「ゲーム」には，子どもが喜ぶ「楽しさ」というものが前提としてある。勝ち負けのある遊びを導入することで，子どもたちの心の中には「勝ちたい」「負けたくない」という気持ちが生まれ，自然と活動にのめり込んでいくようになる。教え込みや機械的なトレーニングとは違い，遊びの要素が大きいゲームだと，子どもたちは笑顔で生き生きと活動に取り組むことができる。

❷評価基準がはっきりしている

ゲームには，ルールや勝ち負けがあり，進め方が明確であるという「安定性」がある。コミュニケーションは，伝えたい内容だけでなく，声の調子や顔の表情，身振り手振りといった「非言語」の側面が大きな要素である。その「非言語」の部分の評価基準をはっきりと子どもたちに示すことができるので，コミュニケーションのレベルアップが期待できる。

❸くり返し行うことができる

そもそもコミュニケーション力は，体験を通して伸びていくものである。国語科のある単元の単発の指導や，形式的な単純な練習だけでは，現実の生活の場で生きて働くコミュニケーション力が育たないことは明白である。その点，「コミュニケーションゲーム」は，子どもたちが楽しみながらくり返し行うことができるので，現実の生活の場で生きて働くコミュニケーション力が育つと考える。

❹自分の頭で真剣に考える

　勝ち負けの判定があることで，子どもたちは「どうすれば勝てるか」「何をどのように，どのくらい話すとよいか」「より即興力を磨くためにはどうするか」「前もって準備できることはないか」といったことを考え始める。より望ましいコミュニケーションについて，自分の頭で真剣に考える活動の場をつくり出すというよさがある。

❺ルールややり方を工夫する

　❹で述べたような，自分の頭で真剣に考える活動をつくり出すために，発展的にルールやそのやり方を工夫するということが可能になる。ルールややり方は，ひとりで決めることはできない。お互いのよりよいコミュニケーションのためにルールややり方を話し合う中で，実際の生活の中での出来事や問題に対応する力を，自分たちの力で身につけていくことができるであろう。さらにそのことが，「他者と互いを大切にし合う力」を育てることにつながると考える。

■ よりよい活動にするために

　くり返しの活動の中で，より着実にコミュニケーション力を向上させていくために大切なことは何か。それは，教師の「見る目」と，日頃の授業との関連づけであると考える。

❶教師の「見る目」

　「コミュニケーションゲーム」の活動中，教師は各グループの子どもの様子を俯瞰し，活動後に価値づけをする。その際の教師の「見る目」の視点として，菊池氏の提唱する「コミュニケーション力の公式」が有効であると考える。

【コミュニケーション力の公式】
コミュニケーション力＝（声＋内容＋態度）×相手軸

　他者との対話を楽しみながら，前向きに取り組んでいるペアを見つけ，教師が積極的にほめて自信や安心を感じさせることが大切である。プラスを見つける教師の「見る目」で，コミュニケーションの豊かなペアやグループを紹介する。「はきはきと話す」「正対している」「体ごと向き合う」「笑顔」「うなずく」「アイコンタクト」といった点を教師がほめる。それらを黒板の端5分の1のところに書いておくことで，価値づけや次のゲームに向けた意識づけになる。特に，相手軸を意識した態度面の醸成は，思いやりのあるコミュニケーションに欠かせないポイントである。

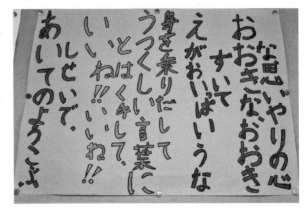

❷日頃の授業と関連づける

　「コミュニケーションゲーム」で得たコミュニケーションの技術や態度を日頃の授業の中で活用させることで，実用感をもたせることが大切だ。話の聞き方や反論の仕方，連続質問など，授業の中で「コミュニケーションゲーム」で学んだことを使える場面は多い。対話的な授業の中でそうしたコミュニケーション力を発揮することは，くり返し取り組むゲームとの相乗効果を生むことになる。

〈西村　昌平〉

メソッド3
ほめ言葉のシャワー

> 「ほめ言葉のシャワー」とは，一人ひとりのよいところやがんばりを見つけ合い，伝え合う活動である。
>
> 〈具体的な手順〉
>
> ○年間4回（4巡）程度行う
>
> ○毎日帰りの会で行う
>
> ①主人公は教壇に立つ
>
> ②自由起立で次々と「ほめ言葉」を語っていく
>
> ③主人公は，ほめてくれる相手をしっかりと見る
>
> ④ほめてくれた相手に「ありがとうございます」とお礼を言う
>
> ⑤全員の「ほめ言葉」が終わったところで，主人公は感想とお礼を言う
>
> ⑥全員で拍手をして終わる

「ほめ言葉のシャワー」のねらい

この活動のねらいは次の3点である。

①友達のよさを見つける観察力や，それをあたたかい言葉で伝えることのできる表現力を身につけさせる。

②お互いをほめ合うことで，友達同士の関係が強くなり，教室を自信と安心の場所にする。

③お互いにほめ合うことを毎日続けていくことによって，自分たちの「望ま

しい在り方」をクラス全体で確認させ，絶えず「成長」を意識した，豊かな学級文化を育てる。

「集団」になれず「群れ化」した子どもたち，粗暴な言動をくり返しいじめ合う子どもたち，自分らしさを出し合って協同思考ができない子どもたち，そのような姿が全国の多くの教室で見られるようになっている。マイナスの言動であふれ，安心して自分らしさを発揮できない冷たい教室では，コミュニケーション力を育むことはできない。

ほめ言葉のシャワーを行うと，30人学級であれば，1回で30個（教師を含む），1巡で30個×30人で900個，1年間で900個×4回で3600個もの「ほめ言葉」が教室にあふれることになる。互いにあたたかいほめ言葉を交わし合う体験を毎日くり返すことで，自分に自信がもてない子どもたちも自信をもてるようになり，教室も安心感のある場所に変わっていく。ほめ言葉のシャワーを軸に学級経営を行うことで，安心して自分らしさを発揮し合い，意見を出し合い，それらを互いに聴き合い，深め合い，コミュニケーション力を高め合う集団をつくっていくことができるのである。

よりよい活動にするために

1日10分程度の時間で大変高い効果が得られる「ほめ言葉のシャワー」であるが，さらに充実した活動にするためにはどうしたらよいのだろうか。

❶教師自身の「観」を振り返る

> ほめ言葉のシャワーは，学級経営に直接関わってきます。「教え込む授業」から「学び合いの授業」への転換が必要です。違いを認め合って学び合おうという授業観の象徴として，ほめ言葉のシャワーはあると思っています。
>
> 菊池省三著『挑む 私が問うこれからの教育観』中村堂

菊池氏はこのように述べている。教師が，一方的に子どもに教えるのではなく，子ども同士がつながって学び合うような授業観をもち，日々の授業，実践に取り組むことが子どもたちのコミュニケーション力を最大限に引き出すことにつながる。「ほめ言葉のシャワーをしたらコミュニケーション力が上がる」と安易に捉えるのではなく，まずは自身の教育観，授業観，子ども観を振り返り変えていくこと。「ほめ言葉のシャワー」をよりよいものにしていくにはこのことが一番大切である。

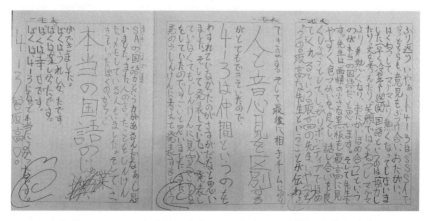

ほめ言葉のシャワーをくり返す中で，子どもの授業観も変わっていく

❷教師がモデルを示す

　豊かな言葉であふれるほめ言葉のシャワーにするためには，教師自身がほめ方の手本を示したり，子どもたちの姿を価値づけたりすることが大切である。菊池氏は以下のように述べている。

　まずは，教師がほめることです。１年間を通じて，子どもの良さを取り上げほめ続けるのです。子どもたちに，「ほめられた」という体験をさせるのです。どんな子どもでも，「やる気」を出し始めます。当たり前にうれしいからです。このことは，大人も子どもも同じです。

また，それによって子どもたちは，『何を』『どうほめればよいのか』も少しずつ分かってきます。つまり，『ほめるべきこと』『どのような言葉でほめればいいのか』が分かってくるのです。

　　　菊池省三編著『小学校発！　一人ひとりが輝く　ほめ言葉のシャワー』日本標準

　まずは教師がほめ言葉をシャワーのように浴びせ，ほめるよさを体感させたり，ほめる視点や方法を示したりしていくことが大切である。

　この日の主人公は■■君である。一人ひとりに正対して，笑顔でうなずきながらほめ言葉に耳を傾けていた。また，1人のほめ言葉が終わるごとに，「ありがとうございます！」と深くおじぎをする姿が見られた。そういった姿をすかさずほめ，浸透させていくことでほめ言葉のシャワーはさらにレベルアップしていく。全てのほめ言葉に対してほめ言葉を返していく子，一人ひとりの目の前に行ってほめ言葉を受け取る子など，友達と積極的に関わろうとする姿も価値づけていくことでより深化したコミュニケーションを生み出すことができる。見通しをもって子どもたちの姿を見取り価値づけていくことが重要である。

❸他の実践との関連づけ

　教室に価値語が浸透すればするほど，友達のよさを見つける感性がとぎすまされ，ほめる言葉も豊富になってくる。コミュニケーションゲームや対話のある授業で友達と関わる中でもっと相手のよさを見つけることができる。互いを認め合うあたたかい雰囲気の教室だからこそ，人と意見を区別したディベート的な話し合いができる。子ども同士が違いを認め合って学び合うこと，子どもたちのコミュニケーションを大切にすることなどといった「観」をもってそれぞれの実践を関連づけることで，ほめ言葉のシャワーはもちろん，一つひとつの実践がより効果的なものになっていく。　〈伊東　大智〉

メソッド4
対話のある授業

　「対話のある授業」とは，意見を主張したり，それに対する質問や反論を重ねたりする中で，新たな気づき・発見を生み出し，互いの考えを成長させ合うことを目指す授業である。

〈具体的な手順〉

①テーマを理解させる

②立場を決めさせる

③理由を箇条書きで書かせる

④（自由に立ち歩いて）同じ立場の者同士で対話をさせる

⑤（自由に立ち歩いて）違う立場の者同士で対話をさせる

⑥振り返りを行う

■ 「対話のある授業」のねらい

　この活動のねらいは次の3点である。

①自分らしさを発揮する

②お互いのよさをさらに引き出し合う

③新たな気づき・発見を導き出す

　次の作文は，菊池学級の子どもが話し合いについて書いたものである。

「話し合いが好きになりました。自分らしさを発揮できるからです。教室

の中で，そんなことができるとは思っていませんでした。クラスのみんなで考え，考え合う。そして，ひとりでは考えつかなかった答えにたどりつく。『納得解』です。その瞬間が特に好きです」

　子どもたち同士の対話を成立させる上で，技術的な指導は欠かせない。しかし，それ以上に欠かせないことは，子どもたち同士の人間関係（土台）を築くことである。安心感に欠ける教室で，全員が自分の意見を堂々と発言することなどできるはずがない。ましてやそのような教室でお互いのよさを引き出そうとするような態度は育つはずがないだろう。したがって，「対話のある授業」を目指すためには，「目的（ねらい）」「技術」「土台」の３つの視点を意識した指導を行っていくことが重要である。

　それに関連して，「対話のある授業」は，６つのメソッドの中でも，特に他のメソッドと関連させながら指導を行うことで，相乗的に効果が高まっていくことが期待できる。例えば，授業の中で生まれる具体的な子どもたちの姿や発言が新たな価値語につながったり，ほめ言葉のシャワーの中で築いた人間関係が授業中の対話をより豊かにしたりすることはしばしば起こることである。教師が「知識・技能」におけるめあてだけでなく，「学級経営・心理的なめあて」「学び方・考え方のめあて」「子ども同士のつながりを育てるめあて」等，複数のめあてを意識することで，「対話のある授業」はより豊かなものになっていく。

よりよい活動にするために

　教師が「グループをつくって話し合いなさい」と指示を出すだけでは，子どもたちは誰かと話し合うことはあっても，その先にある新たな気づき・発見を目指したり，お互いの考えを成長させ合うことを楽しんだりするようなことはない。では，よりよい活動にするためにはどうすればよいのだろうか。

❶対話の流れをつくる

　ディベートの試合が「立論」「質問」「反駁」の順で展開されるように，「対話のある授業」でも「Aの立場が意見を言う」→「Aの立場に質問する」→「Aの立場に反論する」という流れを学級全体で共有しておくと，議論の流れが整理され，かみ合った議論が展開されやすくなる。

　以下の手順はそれを具体化したものである。

①テーマを理解させる

・状況や問題点を明らかにする

・明確でない点（言葉）については質問を受けつける

②立場を決めさせる

・全員に書かせた後，自画像やネームプレートを黒板に貼らせる

・自分の意見は話し合いの途中で変わってもよいことを告げる

・学級の実態に応じて，個人的な意見とは逆の立場をとらせることで「多角的に考えること」や「人と意見を区別すること」を促してもよい

③理由を箇条書きで書かせる

・最初は「量」を求め，たくさん書かせる

・書けない子どもにはヒントを与える

④（自由に立ち歩いて）同じ立場の者同士で対話をさせる

・事前に，「理由を増やす」「理由を詳しくする」といった対話の目的を伝えておく

・活動中は「目的に合った対話ができているか」を見る

・事後に，態度や発言内容がよかった子どもをほめる

⑤（自由に立ち歩いて）違う立場の者同士で対話をさせる

・事前に，「理由を比較する」ということを確認する

・相手の意見を引用して意見を述べるようにさせる

・事後に，態度や発言内容がよかった子どもをほめる

⑥振り返りを行う

・「知識・技能」に関する内容だけでなく，「対話の仕方」や「学び方」につ

いても学んだことを書くように促す

・個や集団の変容を重視して，子どもたちの振り返りを評価する

❷個や集団の変容を重視した評価を行う

　子どもたちは，他者と関わりながら学習を進めることで，「知識・技能」に関することだけでなく，心理的な部分や学び方，考え方，人間関係等，様々な面において変容を見せる。したがって，教師は，授業の中や振り返りの中で，そうした子どもたち一人ひとりの内面に目を向けながら，その変容を追っていくことが大切である。例えば，教師の「見る目」として次のようなポイントが考えられるだろう。

・一人ひとりの意見にどのような「その子らしさ」が表れているか

・どの子が，誰と，どのように（表情，声，内容）対話しているか

・４月と比べて，個と集団にどのような変化が生まれているか

・対話によって，相手のよさが引き出されているか

・対話によって，新たな気づき・発見が導き出されているか

　「コミュニケーションは人間形成に深く影響を与えるものである」ということを重視するのであれば，「対話のある授業」の中で，教師は「子どもと子ども」「学びと学び」「過去と今，そして未来」をつなぐ役割を担うことが必要である。

〈中國　達彬〉

【参考文献】

・菊池省三著『挑む　私が問うこれからの教育観』（中村堂）

・菊池省三・菊池道場著『コミュニケーション力あふれる「菊池学級」のつくり方』（中村堂）

・菊池省三著『１時間の授業で子どもを育てるコミュニケーション術100』（中村堂）

メソッド5
スピーチ指導

　「スピーチ指導」とは，聞き手を意識しながら自分の考えを正しくわかりやすく伝えることを主に行う指導である。

〈具体的なポイント〉

○聞き手への思いやりを意識したスピーチを行う

○内容や声だけでなく，非言語の指導を大事にする

○学年の系統性を考え，指導内容を考えていく

○話す指導とともに，聞く指導を並行して行っていく

○日常の授業や生活での指導を，意図的・計画的に行う

○「スピーチを楽しくする10の技術」を生かして指導を行う

スピーチ指導とは何か

　スピーチとは，場の目的や趣旨に即し，1人の話し手が多数の聞き手に対して行う独話の一形態のことである。対話が相手の考えや背景を積極的に取り入れて相手を理解しようとするコミュニケーションであるのに対し，スピーチは聞き手を意識しながら自分の考えを正しくわかりやすく伝えることを主に行うコミュニケーションであると考える。そこでスピーチ指導を対話につながる話し方・聞き方の指導として考え，国語科での1単位時間の指導，朝の会の1分間スピーチなどの指導も含め，学校生活のあらゆる活動で意図的に取り入れていくことで身につけた能力の定着を図るようにしていく。学

習指導要領の〔思考力，判断力，表現力等〕の「A話すこと・聞くこと」の
内容をもとに，各学年の系統性を考え，指導内容を考えていく。

「話す力」とは何か

菊池氏は，『菊池省三の話し合い指導術』（小学館）の中で，

> 話す力＝（内容＋声＋態度）×相手への思いやり

と表している。内容と声は一般的によく指導されるが，態度という非言語の
部分はあまり指導がなされていない。さらに，かけ算として「相手への思い
やり」が入れられている。もし，これが０だったら，話す力は０になる。つ
まり，「相手への思いやり」が話す力の最も重要な要素となる。このことを
しっかり意識してスピーチ指導を行っていく。

菊池氏の「自己紹介」の実践

スピーチ指導で，菊池氏が大事にされているのが自己紹介の実践である。
『小学校　楽しみながらコミュニケーション能力を育てるミニネタ＆コツ
101』（学事出版）に詳しく書かれている。自己紹介には，話すことの基本的
なポイントが多く含まれている。

> ・声の大きさや調子　・表情や笑顔　・姿勢や目線

非言語への意識は本人だけでは気づくのが難しい。今は，自分のスピーチ
を映像で見て学ぶことも実践しやすくなったが，それでも機会を見つけて教
師が教えたり，子ども同士でお互いに教え合ったりすることが大事になる。
また，内容としては，１文を短くするということ，「ありきたり」でなく

「自分らしさ」のある内容にすること，具体的なエピソードを入れること，態度面では「見られている」ことを意識させることなどを指導されている。これらのポイントが，スピーチ指導の参考になるのではないかと思う。

■「聞く力」の指導について

　よい話し手を育てるためには，よい聞き手を育てることが必要である。そこで，「話す力」の指導と並行して，「聞く力」も計画的に指導していく。前述の『菊池省三の話し合い指導術』（小学館）の中で，話を聞く態度について，次のように書かれている。

・背筋を伸ばす　・両足をつけて聞く
・目線は話す相手の方に向ける　・体も相手の方に向ける

　また，話を聞く心がまえについて，次のように書かれている。

・終わった後に感想を言うつもりで聞く
・うなずきながら聞く
・情報を得るために真剣に聞く
・聞きながら，わからない内容をチェックし，あとで質問する

　普段の生活の中でも聞く力のトレーニングはできる。聞くことを受け身的な学習として捉えるのではなく，話し手と聞き手が一緒に授業をつくる積極的な学習として捉え，あわせて指導していきたい。

■日常的な授業や生活での指導について

　子どもが話せない理由として，学級に自分の思うことを話すことができる

雰囲気ができていない，という場合もある。発表してよかった，もっと話したいと思えるような授業づくりをしたい。

　そして，話すことを授業の中で数多く経験させていく。1時間の中で，ペアで話す，グループで話す，全体で話す，列指名で話すなど，変化をつけて行う。話すことの成功体験をたくさんできるようにする。

　書くこともだが，話すためにも「語彙力」を高めることは非常に大事になる。様々な場で読書や，辞書引きや，暗唱など，語彙を増やす活動を行う。また，子どもにとっての大きな言語環境は教師である。教師が子どもに使ってほしい言葉をシャワーのように使って聞かせるということも語彙を増やすポイントになる。

　また，菊池氏は授業で，「○○さんは，きっとそのわけを3つ言ってくれることでしょう」などと，子どもが発表する直前に，子どもに応じて急に発表のレベルを上げる要求をされることがあるが，そのような要求に対応できる「即興力」もぜひつけていきたい。

■ スピーチを楽しくする10の技術

　菊池氏が以前メールマガジンに書かれていたものである。態度や話し方などの基本となる技術は，相手意識や目的意識がついてくると育っていくので，速成指導はしない方がよいと書かれている。

①メモを使って話す	②実物を使って話す
③黒板に書いて話す	④図や表を使って話す
⑤実際にやってみて話す	⑥アシスタントを使って話す
⑦応答関係を使って話す	⑧視聴覚機器を使って話す
⑨場所を移動して話す	⑩4つのかたまりで話す

〈橋本　慎也〉

メソッド6
ディベート指導

　「ディベート」とは「ある特定のテーマの是非について，2グループの話し手が，賛成・反対の立場に分かれて，第三者（審判）を説得する形で行う討論」を指す。菊池道場においては，そのディベートの特性を生かしながら，年間を通して，計画的に取り組むことで，より質の高い対話・話し合いができることを目指している。人と意見を区別する「白熱する討論」を通して，ものの見方や考え方を学ぶ中心的な活動と位置づけているもの，それが「学級ディベート」である。

〈基本的なルール〉

○ステップアップさせながら年間を通して行う（2～3回）

○他の対話・話し合いの授業や活動と関連づけて取り組む

①論題（話し合うテーマ）が決まっている

②立場が2つ（肯定・否定，AとBなど）に分かれる

③自分の考えとディベートする上での立場は一致しなくてよい

④肯定側立論→否定側質疑→否定側反駁→否定側立論→肯定側質疑→肯定側反駁→判定の流れで行う

⑤立論・質問・反駁できる時間は決まっている（基本的に1分）

⑥審判の客観的な判定により，勝敗が決まる

学級ディベートを効果的に進めるために

　詳しい手立ては後述に委ねるとして，ここではディベートを効果的に進めるために教師が意図すべき内容について簡単にまとめておきたい。

①ディベートとは何かを知る

　ディベート自体を難しく捉えてしまわないよう，魅力を感じられるような活動から入る。教師がくどくど説明せず，学習ゲームを通してディベートに含まれるいくつかの要素を体験的に学んでいくことが大切である。

②チームをつくる

　1チームの人数を4人にすると「立論」「質問受け」「質問」「反駁」の役割を全員で分担することができる。それぞれが自分の役割を意識し，責任をもつことが大切になる。

③テーマ（論題）を知る

　「政策論題（例：教室に漫画の本を置くべきである）」と「価値論題（例：ほめ言葉のシャワーと質問タイムのどちらが成長させることができるか）」がある。初期の段階では具体的に考えやすい政策論題から入る方がよい。

④準備をする

　根拠となるデータを集めながら論を整理したり，端的に伝えるための表現を考え，練習したりするためには時間が必要である。国語科を中心に総合的な学習の時間などと横断的に学習計画を立て，十分な準備の時間を確保するようにしたい。

⑤試合を行う

　1ターン1分のくり返しで試合は進んでいく。このスピード感と緊張感があるから，子どもたちは必死に考えながら対応しようとする。討論内容以外の「その子らしさ」が表れた表現等も積極的に評価していきたい。

⑥活動を振り返る

　勝ち負けにこだわることも大切だが，人と意見を区別して対話すること自

体の楽しさを，意図的（キーワード作文等）に振り返ることが重要である。

なぜ「学級ディベート」なのか

　学級ディベートに取り組む理由，それは「個の確立した集団」を育てるためである。

　これまでの授業といえば，一部の（力のある）子どもが，その場のひらめきや思いつきでする発言を，「挙手→指名→挙手→指名」をくり返しながら，教師がもつ正解（絶対解）と照らし合わせて確認したり，子どもの誤りを正したりする様子がよく見られた。子どもの思考の流れにかかわらず淡々と進む授業では，発言者は周囲の聞き手を意識せず教師に向かってしゃべり，教師も発言者の発言の正誤のみを気にする。これでは，友達の意見を生かして自分の考えを広げたり，新しい気づきを手がかりに考えを深めたりする力は身につかない。また批判的に聞きながらより高次の目的に向けて新しい考えをつくりあげるための見方や考え方，手法を学ぶことができず，これから必要になる「主体的・対話的で深い学び」につながる「強い学び手」を育てることは到底難しいと思われる。

　それに対して，学級ディベートの最大の特徴は，1つに決められた正解，つまり「絶対解」を求めるのではなく，議論を深めながら「納得解」に迫っていくところにある。自分自身の「納得解」を追求し，子どもたちは内容をより深く理解しようと自ら調べる。また，調べたことを短時間で効果的に伝えるために，作戦を練り練習をくり返す。試合では，相手の出方を見ながら瞬時に判断し，質問や反駁において最適と思われるコメントを絞り出す。

　その意味において学級ディベートは，授業における考えの形成に主眼を置いた話し合い活動のモデルであるといえる。学級全体で行う話し合い活動と比べるとよくわかる。学級全体での話し合いは，討論の道筋が曖昧で，その場で出される意見に左右されやすい。「何について話し合っていたのかわからなくなった」「結論にたどりつけず，教師がまとめた」これらはよくある

話である。力のある学級であっても，教師のコーディネート抜きに学習問題（論題）に向けて，自分たちで話し合い活動を進めることは高段の芸といえる。

　それに対してディベートは，討論の道筋が誰にとってもわかりやすい。話し合いによって結論に導くプロセス自体を明確に学ぶことができる。だから一般的な話し合いを重ねた学級と比べて，かつての菊池学級のような学級ディベートで鍛えられた子どもたちの話し合いは，実に熱く，そして深いのだ。

	討論に向けて	討論の道筋	結論への到達
通常の（よくある）話し合い活動	・基本的に準備や討論の流れの予測をしない ・教師の問いをきっかけにいきなり話し合う ・チーム（同じ意見の仲間）を意識しない	・曖昧で見えにくい ・一部の意見に左右されやすい ・意見がかみ合わない ・焦点化するのに教師の力を要する	・自力で到達することは難しい ・到達の可否にかかわらず討論のプロセスが次に生きにくい
学級ディベート	・事前準備をする ・討論の流れを予測する ・チームで協力する ・勝利を目指して燃える	・明確でわかりやすい ・意見がかみ合う ・「見える化」しやすい ・テンポよく進む ・子ども自身が焦点化する	・自力で到達できる ・結論を導くプロセス自体を学ぶことができる

　もちろん，学級ディベートさえやっていれば子どもたちに話し合う力が育つわけではない。学級ディベートを成立させる考え方を端的に表す言葉に「論と人とを区別する」がある。白熱する討論をする上では，「誰が言うか」よりも「（誰であろうと）根拠をともなう意見を比較し合う」ことや「反論し合うことで互いの意見を成長させ合う」ことを子ども自身が価値あることだと認識し，他者との関わり方やものの見方・考え方を純粋に磨き続けることこそが大切である。事実を通して相手を深掘り・価値づけし，効果的に伝える「ほめ言葉のシャワー」や，書くことを通して自己との対話を促し，自己客観力や自己調整力を磨く「成長ノート」などの菊池実践やそれらを支える教師の様々な取り組みに，長期的視点に立って意図的・計画的に取り組んでこそ，子どもは大きく成長するといえる。

　その意味において，ディベートを含む菊池実践は「ワンパッケージ」であると菊池氏はいう。全ての菊池実践に役割があり，意図的に網羅することにこそ意味があることをつけ加えておきたい。

〈江﨑　高英〉

2章

対話と絆をつくる
365日のコミュニケーション指導

出会い　コミュニケーション力あふれるクラスを目指す

質問の楽しさを教える学級開き

●子どもたちの目線に立って関係性を築こう
●質問し合うことの楽しさを教えよう

子どもたちの思いに応える「自己紹介」とは何か

　新学期のスタート。春休みに準備した楽しいネタや，プレゼンテーションを使い教師が一方的に自己紹介や学級への願いを語ることが多い。しかし，いざ子どもたちの前に立つと，教師と子どもの温度差を感じることもあるだろう。このような状態で，学級開きを進めるのはよくない。

　菊池氏は，「多くの子どもたちは，不安の中で，『今度の先生は，どんな先生なんだろう。先生のこともっと知りたいな』などと，思っているはずである。まずは，このような子どもたちの思いに応えるべきである」という。信頼関係を築く上でも，子どもの目線に立って考えることがひとつのポイントになる。そこで，教師が簡単な自己紹介をした後，子どもたちの質問に答える時間を設定する。教師の一方的な自己紹介ではなく，子どもたちとの双方向のコミュニケーションのある場にして，教室の温度を上げていくのである。

質問し合うことの楽しさを教えよう

　簡単に自己紹介をした後，「せっかくだから，みんなの質問に答えたいで

す。今から質問をする時間をとります」と笑顔で子どもたちに問いかける。さっそく，子どもたちの手が勢いよくあがった。

「先生の一番好きな食べ物は何ですか？」

「一番と限定してくれたから答えやすいです。ありがとう。先生は，ラーメンが大好きです。おいしいお店があったら先生にすぐ教えてね」

「どこのラーメン屋さんがおすすめですか？」

「おっ！　今，前の友達の質問に続けたよね。連続での質問いいね。駅前にあるラーメン屋が好きです。行ったことがある人いるかな？」

などと，質問のポイントを押さえながら答えていく。質問のポイントは，黒板の端に書いておくとよいだろう。次に質問する子への手立てにもなる。

しかし，学級によっては，なかなか質問が出てこない，質問が途切れてしまうということもあるだろう。そんな時には，「他に聞きたいことを成長ノートに箇条書きで書いてごらん」と言い，書く時間を設定するとよい。この時も，「とりかかりがはやいね」といったプラスの価値づけをしてほめる。そして，しばらくしてから，もう一度質問をさせると，また活発に質問し始める。内容としては，たわいない簡単な質問かもしれないが，とにかく丁寧に答えるという教師の姿勢を大切にしたい。受け止めてくれるという安心感が，教師との関係性を築いていくからだ。とにかく，子どもたちが「質問して楽しかった」と言えることを一番の目的にすることだ。

このように，教師の一方的な自己紹介ではなく，子どもたちとの双方向のコミュニケーションのある場にしていくことで，1年間のよいスタートがきれるのではないだろうか。そして，「質問をして楽しかった」「質問をしたら相手のことをよく知れた」「質問をしたら相手と仲良くなれた」ということを子どもたちに体験させることができる。1年間のスタートの場だからこそ，質問の楽しさやポイントを押さえ，初日からコミュニケーション力を育む教室の土壌をつくっていくことが大切なのである。

〈堀井　悠平〉

出会い　コミュニケーション力あふれるクラスを目指す

お互いのことを楽しく知る「質問型自己紹介ゲーム」

●質問型の自己紹介で双方向のコミュニケーションを楽しもう
●価値ある行為を取りあげてほめよう

「質問型自己紹介ゲーム」

　新学期が始まって間もない頃，多くの教室で自己紹介をするだろう。しかし，「今から自己紹介をしましょう」と言っても，あまりよい反応は返ってこない。「○年○組の○○です。よろしくお願いします」と，形骸化した内容を一方的にスピーチする自己紹介を楽しいとは感じないのだ。もちろん，スピーチ型の自己紹介の指導も行っていくが，まずはお互いのことを楽しく知り合う活動の方がよいだろう。そこで自己紹介が双方向の楽しいコミュニケーションに生まれ変わる「質問型自己紹介ゲーム」をのやり方を紹介する。

①縦3マス，横3マスの枠があるワークシートを配付する

②ワークシートの9つの質問の答えを，一言でずばりと書く。例えば，「もし100万円あたったら何に使う？」ならば，「アメリカへ旅行に行く」などと答える

③自由に席を立って友達とペアをつくり，ワークシートを交換する

④じゃんけんをして，質問する側と答える側を決める

⑤詳しく聞いてみたいことを3つ選んで，質問しながら対話する

⑥交代して，相手の質問に答えながら対話する

※質問する時間は，実態に応じて調整する（1分〜3分）
⑦新しいペアで，③〜⑥をくり返す
⑧感想を書いて読み合う

「質問型自己紹介ゲーム」の実際

　子どもたちにゲームのやり方を説明した後，次のようなルールを決める。
・最初に「お願いします」，最後に「ありがとうございました」のあいさつ
　を必ずしよう。
・ひとりの子をつくりません。「一緒にやろうよ」と笑顔で言える人になろ
　う。
・質問する時は，時間いっぱい笑顔で楽しもう。
　どれも，大切なルールである。新学期のスタート段階では，望ましい姿を
教師がきちんと示すべきである。そして，次第に子どもたちと一緒に，活動
のルールをつくっていけばよい。
　実際のゲームでの子どもたちの対話は，次のようなものになる。

A：生まれ変わったら何になりたいです
　　か？
B：ネコになりたいです。
A：なぜ，ネコになりたいのですか？
B：それは，1日中のんびりできるから
　　です。
A：それわかる！　もしネコになったら，
　　のんびりと何をするのですか？

「質問型自己紹介ゲーム」		
名前＿＿＿＿＿		
○自分のことを友達に紹介しよう		
①好きなテレビ番組は何？	②タイムスリップするなら何年後に行きたい？	③もし100万円あたったら何に使う？
④一度会ってみたい人は誰？	⑤生まれ変わったら何になりたい？	⑥行ってみたいところはどこ？
⑦今一番ほしいものは何？	⑧好きなおかしは何？	⑨自分を動物にたとえると何？

B：ソファに寝転んで，1日中テレビを見ていたいです。
　質問型にすることで双方向のコミュニケーションが生まれ，子どもたちの
笑顔あふれる自己紹介に変わる。自己紹介は，新学期だけでなくくり返し行
い，つながりをどんどん深めていくことがポイントである。　　　〈堀井　悠平〉

出会い　コミュニケーション力あふれるクラスを目指す

コミュニケーション力を育む楽しいゲーム

●ゲームのやり方だけでなく目的や価値も話そう
●コミュニケーション指導のポイントを明確にしよう

「説明⇒ゲーム⇒振り返り」を基本としよう

　コミュニケーション（学習）ゲームは，楽しく体験することを通して，知識や技術を得るだけでなく自分から人と関わろうとする力や生活の中での出来事や問題に対応する力や考える力を，自分の力で身につけていくことができるものだ。だからこそ，「ゲームをして楽しかった」で終わってはいけない。ここで大切なのは「振り返り」だ。ゲームを通して，どんなことに気づいたか，新しくどんな発見をしたかなどを考えさせることが大切である。

　「ゲームの前と後で変わったことを書きましょう」「点数をつけるなら，5点満点中何点ですか。理由をセットにして書きましょう」といった視点を与えて振り返ると，次へとつながるゲームになるだろう。

説明では，ゲームのやり方だけでなく目的や価値も話そう

　ゲームをする前の説明で大切なのは，そのゲームを行う目的や価値をきちんと話すことである。目的や価値をはっきりさせることで，子どもたちの取り組み方も変わり，ゲームをする価値がさらに高くなる。

コミュニケーション指導のポイントを明確にする

　ゲームの時には，知識や技術面だけでなく，次のような非言語のよいところを探して，価値づけてほめることがポイントである。
　①前かがみの姿勢　　②笑顔　　③うなずき　　④あいづち
　⑤身振り手振りを入れる
　これらは，すぐに身につくものではない。したがって，教師が指導のポイントを明確にし，継続して指導することが大切だ。

「質問紹介ゲーム」で，相手が答えやすい質問をしよう

　それでは，新学期に比較的取り組みやすい「質問紹介ゲーム」を紹介する。相手が答えやすい質問をたくさんして，友達のことを知るゲームだ。
①４人で１グループになる（答える順番を決める）
②２分間，１人に３人が次々に質問していく。ただし，同じ人の連続質問は
　２回までとする。誰かが質問すれば，また２連続で質問できる
③質問した数の多いチームが勝ち（回数を記録する人を決める）
④交代して①～③を続ける
⑤ゲームの振り返りをする
　１回目が終わった後に，グループごとに質問の数を板書していく。そして，数が一番多かったチームをみんなで称賛した後に，作戦タイムをとる。
　「これから作戦タイムをとります。どんな質問をすれば，数がかせげるかを考えます。それでは，１分間です。笑顔で相談しましょう」
　作戦タイムを設定すると，次第に具体的な答えを聞き出す質問や，YESかNOかで答える質問など，答えやすい質問のポイントに気づくだろう。
　短時間で楽しめ，友達の新たな一面も発見できる新学期にぴったりのコミュニケーションゲームである。　　　　　　　　　　　〈堀井　悠平〉

1学期　言葉の力の原石を磨く

価値語の植林

●美点凝視でほめて価値を根づかせよう
●自立した個の集団に向かうように教師がリードしよう

価値語指導のねらい

「価値語」には次のようなねらいをもって取り組むことが大切である。

・子どもたちに価値ある行動を伝える
・子どもたちに成長を自覚させる
・学級に友達のよいところを見る風土を育てる

　教室の中に共通の価値語があれば，どの子もそこに向かって努力することができる。価値語は子どもにとって，成長を自覚させてくれるものであり，目標でもある。日々，価値語を提示し，目標を示してあげることで子どもはまっすぐ成長できる。また，学級全体に価値語を浸透させる，価値語の植林は教師の決意の表れでもあると感じる。子どもたちの行動に価値を見出す時，自分の教育観がフィルターになり，価値語が誕生する。自分のクラスの子どもたちにはこうあってほしい，この1年でここまで育ってほしい，という目指す子どもの姿が価値語に表出されるからである。つまり，価値語を大切にすることは教師としてぶれない指導をすることにもつながる。

■ ルールづくりに価値語を利用

　年度当初はとにかく教師から価値語を提示していき，こういう行為に価値があるのだと，子どもたちに浸透させていく。学級のルールづくりに価値語は非常に有効である。中でも子どもたちが緊張感をもっている最初の3日間は価値語の植林のチャンスだ。1年間の学級のルールを価値語とともに，ほめて認めて，クラスに根づかせる。

●6年生最初の日…

　体育館で始業式があり，その後担任の発表がある。私は自分が6年生の担任だと知っているので，6年生の脱いだ靴を見に行った。すると，ピシッとそろっていた。こっそり写真を撮っておいた。

　始業式の後の入学式で6年生は新入生に名札をつける役割を与えられていた。膝をつき新入生の目線で声をかけている姿を写真に撮った。

　翌日，黒板に初日の子どもたちから見えた価値語を貼り出しておいた。

　子どもたちがなにげなく脱いだ靴の写真には【心がそろう】と価値語をつけた。これから修学旅行等で校外へ出ることも多くなる上級生として，公の場で通用する必要なマナーを価値語を通して教えたいと思ったからだ。

　入学式の写真には【目線を下げる】と価値語をつけた。写真の子どもは「自分では気づいていなかった」と言っていた。「無意識にやっていることにもすばらしい行動がたくさんあります」とほめた。また，クラスでは「見逃してしまうような行動も，価

値ある行動だったりします。友達のよいところを探すことを【美点凝視】といいます。よいところを探しましょう」と声をかけた。これは後日始める，

ほめ言葉のシャワーにもつながる。

学び合う集団づくりとしての価値語の利用

　学級のルールや約束が価値語として根づいてきたら，授業での子ども同士の関わりに焦点をあて，価値語として評価していく。主体的・対話的に学ぶ子どもを育てるという視点でも価値語は有効である。

　友達と相談したり，考えを比べたりしながら学ぶ集団をつくりたいと思っているので，子どもたちのそういう行動を見逃さないようにする。年度当初の授業では子どもも緊張しているからか，なかなか活発に対話する姿が見られなかった。「友達と相談していいよ」と声をかけた時に，しばらくひとりで考えてから後ろを振り向き，友達と相談した子どもがいた。すかさず写真を撮った。周りの子どもは自分で一生懸命考えている。そんな中，友達と学ぼうと，対話に動いたことを評価しようと【一緒なら強くなれる】と価値語をつけた。ひとりでじっくり考えることも大切だ

一緒なら強くなれる

が，対話の中でこそ生まれる発想や，考えの深まりがあると考える。4月11日，始業式から3日目のこの価値語が6年1組の対話的に学ぶ授業への第一歩となった。

　次の日から少しずつ動きのある授業が展開されるようになってきた。席が隣の友達や前後の友達と相談していた姿，席を立って相談に行く姿が見られた。そこで学び合う集団に向かうために新たな価値語を提示した。【頭も足を動かす】である。

頭も足も動かす

こうして学び合うための動きのある授業をクラスの当たり前にしていく。言葉だけで「自由に相談していいよ」と指示するよりも価値語として写真を提示してあげた方がより効果的だと思う。自分が学び合っている姿は，自分では見えない。そこを写してあげることで意欲が高まり，子ども同士の結束も

強くなっていく。

　班での学び合いも，みんなで学ぶのが当たり前というふうに仕組んでいく。はじめて班学習をした4月12日にある班が頭を寄せ合って学び合いをしていた。すかさず写真を撮り，【全員の輪】と価値語をつけた。ひとりとして欠けていないことを評価したかったからである。その価値語のおかげで，班での学び合いのスタンダードができたように思う。3日後，別の班でも頭を寄せ合って学ぶ様子が見られた。【チームの形】と価値語をつけた。

　1学期は，こんな行動には価値があるのだ，君たちはすばらしいぞと子どもたちの背中を押すつもりで価値語に取り組んでいく。価値語を通して子どもたちはまっすぐ成長していく。

　ある男の子は算数の時間に問題が解けず，悩んでいた。困っていることに気づいた女の子がやさしく教えてくれた。その女の子は膝をつき，男の子の目線になって指をさしながら丁寧に教えていた。教わる方には素直さと一所懸命さがあり，教える方も相手を敬う態度が感じられた。次の日の朝，黒板にその価値語を掲示し，2人をほめた。

　数日後，パソコンの課題があり，はやく終わった人は図書室で読書をしてよいことになっていたのだが，その男の子は，最後のひとりになった友達が終わるまで待っていた。前に女の子からもらったやさしさを，今度は自分が伝えていると感じた。

〈吉良　優祐〉

1学期　言葉の力の原石を磨く

価値語の広がり

●価値語を学級に定着させよう
●成長ノート，ほめ言葉のシャワーと関連させよう

3つの柱

「価値語」は成長ノートとほめ言葉のシャワーとあわせて取り組むことでより大きな効果を発揮する。

・価値語で成長するべき道筋を示す
・成長ノートで成長を実感させる
・ほめ言葉のシャワーで成長を共有し，ともに喜ぶ

　価値語を掲示していく，「価値語の植林」を続けることで学級全体の成長の方向性が定まってくる。価値語は子どもたちに，自分の成長に気づかせるものでもある。価値語の植林と並行して，成長ノートを使って自分の成長を振り返らせることで，価値語が自分の成長として心に刻まれる。また，黒板の5分の1を使い，子どもたちの価値ある態度や学び合い，友達のよいところを評価する5分の1の黒板も有効である。価値語を学級に根づかせるために成長ノートや5分の1の黒板を使っていく。

成長ノートと価値語

　価値語と成長ノートを結びつけるための取り組みとして，1日目に感じた価値ある行動を黒板に記し，2日目の朝，成長ノートに写させた。これを3回行った後，自身の成長を成長ノートに書かせた。

　子どもたちの成長ノートには3日分の価値ある行動が写されているので，全ての子どもが難なく書きあげることができた。価値語として教師側から示したものを，成長ノートで振り返ることで自分の成長として実感することができる。ぼくは先読みができる，私は気づき考え実行できるというように，子どもの自信にもなっていく。

　3回目に書いた子どもの成長ノートである。

　6－1のよいところの1つ目は，切り替えができるところです。6－1はチャイムが鳴ったらもう授業ができる体制になっている人がけっこういます。

　よいところの2つ目は，やさしいところです。休み時間に「サッカーに入れて」と言ったらすぐに入れてくれます。

　よいところの3つ目は，団結力です。いつも並ぶ時にははやく並べているし，やる時はやる，遊ぶ時は遊ぶができているのでよいクラスだと思いました。

　価値語として示した「切り替え」「団結力」が子どもに植林されているこ

とがわかる。

　私はこの６－１でよいと思うところが３つあります。

　１つ目は，みんな先生にあてられると，嫌だとか言わずにちゃんと実行して最後までがんばっているところです。

　２つ目はみんなの信頼関係が深いところです。休み時間には●●ちゃんなどが遊ぼうと誘いにきてくれるので，うれしいです。

　よいところ３つ目はみんなが授業中友達の意見を聞く時はすごく静かに友達の方を向いて正対しているところです。６－１はものすごくよいクラスだと思います。最後に，６－１でよかったと私は思っています。

　「書いたら発表」「正対」が子どもの中で成長として実感されている。価値語と成長ノートを関連させることで，子どもの自尊感情は一層大きくなると感じている。

価値語の根づかせ方

　５分の１の黒板も価値語の定着に効果的である。５分の１の黒板は，態度面，学習面，ほめ言葉を意識して書いている。５分の１の黒板で価値語が生まれたり，学級の価値語を意図的に使ったりする。子どもに活動させる前に，先手を打って注意喚起することもある。そうして価値語を学級に植林していく。価値語の提示もただ出すのではなく，子どもたちに語りかけるように出している。この日は１時間目が体育だったので，前日の放課後に【時間前集合】とだけ書いておいた。気づいて，時間前行動ができた子どもをほめよう，くらいの気持ちだった。すると数人の子どもが，始業前に体育館でバレーボールのネットをはっていた。子どもの自主性に驚いた。朝の会でその子たちをほめた。そして【先見の明】と価値語を示した。先を見て行動できることはすごいことだと言うと，子どもたちは少し誇らしげだった。

　５分の１の黒板は日々の中で価値語を根づかせるものとして行っている。

その他に価
値語を根づ
かせる方法
として，ク
ラスでは価
値語コンテストを行った。夏休み前，クラスの壁面が価値語で埋まったとこ
ろで，どの価値語が自分の心に残っているか投票した。これまでの成長を振
り返り，残したい価値語を決める。こうして定期的にしめることも，より質
の高い価値語をつくっていく上で必要なことだと考える。

　また，成長ノートも1学期の集大成として「4月から1番成長したと思う
友達」というテーマで書いた。

> 　ぼくが1学期1番成長したと思うのは▲▲君です。▲▲君は4月の頃はノート
> をあまり書いていませんでした。ぼくは自立した6年生になれるかな……と心配
> しました。だけど今は，ノートも書いているし，プリントも何算か自分で考え，
> 他人事ではなく自分事としてがんばっています。立派に成長した▲▲君を1学期
> の1番に選びました。

　言葉で人を育てると菊池氏は言われている。価値
語はまさに言葉の力そのものである。4月最後の学
級会でクラス目標を話し合った。自分たちだけの価
値語をつくろうということで話し合い，決定したの
がこの言葉である。

　4月に価値語として多く取りあげてきた「団結」や「学び合い」に関する
ものが子どもの中に6－1の印象として根づいているのだと感じた。学級目
標や価値語にクラスのカラーが出てくると，学級の団結力は一層強くなると
思う。様々な場面で，「一心無欠でいこう」「今日もK・K・Jでがんばろ
う」と声をかける。価値語がクラスの合言葉になる。この共有体験は学級に
安心感を与えてくれる。私は今後も，子どもたちと一緒に価値語を楽しく見
つけていきたい。

〈吉良　優祐〉

1学期　言葉の力の原石を磨く

コミュニケーションゲームの効用

- ●教室を明るく笑いのあふれる空間にし，あたたかい関係性を築こう
- ●非言語コミュニケーションも意識をして，即興力を高めよう

コミュニケーションゲームの進め方

①教師がゲームの目的，手順，ルールを伝える

※非言語コミュニケーションの大切さ，ゲームの流れについてキーワード・絵を板書しながら説明する

②ゲームを行い，全体の状況をよく観察しながら子どものよいところをほめる。うまく進んでいないところは柔軟に対応する

③ゲーム後，❶うまくいったところとその理由，❷うまくいかなかったところとその理由について，振り返りを行う

④教師から今後も学級で大切にしたい価値を伝える

⑤全員で拍手をし，友達へ感謝の言葉を伝えて終わる

コミュニケーションゲームの効用

❶自己理解・自己発見をし，他者と積極的に関わりをもつ力を育む〔心情〕

　恥ずかしい・自信がないと感じる自分の殻をやぶり，自己開示をして自分から他者と関わりをもつ力を育む。自信をもち，自分らしさを発揮する。

❷相手を理解しようと努め，思いやりや敬意をもつ〔心情〕

　相手の立場に立ち，相手と同じ視点で物事を考え，理解しようと努める。相手の主義・主張を尊重する態度や相手を信じる心を養う。

❸人間関係のつながりを大きくし，絆を深める〔心情〕

　男女・異年齢関係なくゲームを楽しみ，スキンシップを図ることによって，心の距離を縮め，仲間意識を育む。学級を居場所だと感じることができるようにする。

❹話す力（言葉を使いこなす力）・表現力を高める〔技術〕

　友達に聞こえるちょうどよい大きさの声で話すことから始め，語彙を増やして的確に説明する力を高める。対応力・即興力を身につける。

❺聞く力（聞き取る力）を高める〔技術〕

　相手に体を向けて話を聞く，目を見てうなずきながら聞く，表情豊かに反応する等，非言語コミュニケーションを大切にすることから始め，会話の中で事実や話者の感情を主体的に把握することで，話の本質を明確にしていく傾聴力を高める。

❻規律・ルールを身につける〔集団づくり〕

　指定された時間や人数等の条件を理解して守り，相手の意図や場面に合わせて行動する。「否定的なことを言わない」「何を言ってもよい」「ひとりをつくらない」等，学級の全員が守っていくグランドルールを示す。

　コミュニケーションゲームは，1年生から段階的・継続的に行い，学級全体で学び合う素地をつくることが重要である。ゲームでダイナミックに動き，豊かに対話する経験を積むことで，授業でもそのように学び合う姿を目指している。トレーニングとして習慣化し，学級の総合力を高めよう。

コミュニケーションゲームの系統

コミュニケーションゲームは，目的や方法，人数等によって様々な分類方法がある。ここでは，話し合いの３つの構成「会話」「対話」「議論」の３種類に分けて，それぞれのねらいやゲーム例を紹介する。

会話系ゲーム	対話系ゲーム	議論系ゲーム
○話し合いの基礎・基本 ○キャッチボールを楽しむ ○関係性をよくする	○相手の意見を否定せず，アイデアを出してプラスしていく →子ども熟議	○理由や根拠を示して意見を述べ，相手に質問をして論を磨く →ディベート
握手等のスキンシップを通して心の距離を縮め，非言語コミュニケーションの大切さに気づかせる活動。	あるテーマをもとに，グループで協力して意見を出し合い，精査してよりよいものを創り出す活動。	意見と理由（根拠）を出す，質問する，引用する等，物事の是非について質疑をくり返す中で論を深めていく活動。
主にペア	主にグループ	主に全体
〈例〉 ・じゃんけんゲーム ・まねっこ遊び ・ふれあい遊び ・ジェスチャーゲーム ・自己紹介ゲーム ・サイコロトーク ・しりとり ・ビンゴ ・大声を出すゲーム 　　　　　　　　等	〈例〉 ・連想ゲーム ・言葉集めゲーム ・よいところをたくさん出し合うゲーム ・資料から気づいたことを出し合うゲーム ・他のグループと答えが同じにならないように予想するゲーム 　　　　　　　　等	〈例〉 ・質問ゲーム ・理由を答えるゲーム ・相手の言葉に対して「でも……」と反論するゲーム ・相手の言葉を引用して，会話を長く続けるゲーム ・ミニディベート 　　　　　　　　等

学年別　コミュニケーションゲーム割合例

	1学期		2学期		3学期	
1年	会話系		対話系			議論系
2年	会話系		対話系			議論系
3年	会話系		対話系			議論系
4年	会話系		対話系			議論系
5年	会話系	対話系			議論系	
6年	会話系	対話系			議論系	

　この表は，1学期は「会話系」しかしてはいけないという意味ではなく，比較的取り組みやすいものから段階的にレベルの高い方へと移行していくという案である。教師が，大切にしていきたい価値・身につけてほしい力を子どもの実態に合わせて選び，組み合わせながら，バランスよく子どものコミュニケーション力を伸ばしてほしい。

個別配慮の必要性―型にはめず，その子らしい参加の仕方で―

　「これは楽しそうなゲームだから，きっと盛りあがるだろう」と試行しても，子どもによってははじめから「参加したくない」というケースがある。子どもにとってどうしたらよいかわからない状況が目の前にあり，不安を感じて，自信喪失を避けているのかもしれない。こういう時には，別形態でもよいので教師のアシスタント役を務めさせ，学級のみんなと何らかの関わりをもたせることが大切である。それでも不参加を訴えた時には，参加者の不参加の自由を認め，しばらくみんなの様子を眺めていてもよいこととする。決して参加しないことを叱ったり，放置したりせず，安心してゲームに参加できるような雰囲気をつくり，子どもがゲームに参加したいと感じた時に，部分的に参加させていくことが望ましい。　　　　　　　〈柴田　紀子〉

1学期　言葉の力の原石を磨く

出会いのコミュニケーションゲーム

●行動させ→ほめて→価値を示し→全員で共有しよう
●楽しく関わりながら，マナーやルールを具体的に学べるようにしよう

1学期のねらい

・子ども同士があたたかくつながり合う空気感や教室の安心感をつくる
・教師がリーダーシップを発揮し，ルールやマナーを守る教室をつくる
・会話のキャッチボールの絶対量を確保しコミュニケーションに慣れる

　教師の人間性を子どもたちに理解してもらい，子どもたちそれぞれの個性を学級全体で共有し，価値語の植林をしていく1学期。まずは，身体を動かしてふれあいながら，子どもたちが思わず笑顔になる楽しいゲームをして，教師と子ども，子どもたち同士の心の距離を縮めていく。最も大切なことは，誰とでも笑顔でコミュニケーションをとり，ひとりをつくらないことだ。そして，教師や友達等相手の話を肯定的に聞くことである。相手の意見を「いいね」「なるほどね」と素直に受け止める子どもは，自分の考えを整理したり，広げたり，深めたりできる。

　話し合う力は，普段の授業だけでは十分に鍛えることができない。日々の朝の会，帰りの会や学級活動の時間を使って定期的に行い，圧倒的な会話量

を確保しよう。そして，誰とでもあたたかくつながる関係性をつくり，考える力，学びに向かう力の基礎をかためよう。

ふれあい・会話系コミュニケーションゲーム

❶3サークル握手じゃんけん

【ゲームのねらい】

　ルールを守りながら，誰とでも笑顔でスキンシップコミュニケーションを楽しむことができる。

【ゲームの流れ（5分）】

①バスケットコートの3つのサークルを利用して，勝ち抜き「握手じゃんけん」をすることを説明する。

②ステージから最も遠い場所にあるサークルの中に全員入り，隣の人と握手をしてじゃんけんスタート！

③勝った人は，1つステージに近いサークルに移動して，勝った人同士で「握手じゃんけん」をする。勝ったら，一番ステージに近いサークルに移動して，勝った人同士で「握手じゃんけん」をする。負けた人は，一番はじめのサークルに戻ってリベンジする。

④最後のサークルでも勝った人は，ステージに上がり，次々と上がってくる友達をハイタッチで迎える。ゴールまでたどりついた人にも，何度も果敢に挑戦したサークルに残っている人にも拍手をおくる。

⑤振り返りを行い，感想を発表する。

❷三角形の陣取りゲーム

【ゲームのねらい】

　ペアで会話をしながら，「いいね」「なるほどね」とプラスのストロークで

ゲームを楽しむ。

【ゲームの流れ（5分）】

①勝ち負けにこだわらず，自分も友達も効率よく陣取りができるようにアド
バイスをし，否定的なことを言わないというルールを伝える。

②隣同士でペアになり，各ペアにＡ３用紙１枚を配る。紙に30個の点を打つ。

③じゃんけんをして，勝った人は，グーで勝ったら
線を１本，チョキで勝ったら線を２本，パーで勝
ったら線を３本引く。（どの場所でもよいので頂
点から頂点へ定規を使って直線を引き，三角形を
かいていく）

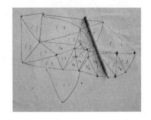

④三角形が完成する度，図形の中に自分の名前を書き加えて陣地にする。

⑤制限時間がきたら，それぞれの陣地（三角形）がいくつあるか数える。

⑥振り返りを行い，感想を発表する。

❸耳をすませば聞こえる音が

【ゲームのねらい】

「音を消す」経験をするうちに静かに話を聞こうとする心がまえができる。
集中して「聞く」ためにはまず静かにすることが不可欠だと気づく。

【ゲームの流れ（2分）】

①「今から２分間，一言も話さないで，聞こえてくる音をたくさん書きまし
ょう。一番数が多かったペアが優勝です」と言って，聞こえてくる音をノ
ートに書かせる。

②はじめは，「窓の外から聞こえる音」「隣の人の鉛筆や紙の音」などのヒン
トを出す。

③制限時間がきたら隣の人とノートを見せ合い，どんな音が聞こえたか，ま
たいくつ音が聞こえたか相談する。

④それぞれのペアが数を発表し，一番多かったペアに拍手をおくる。どんな
音が聞こえたか，発表してもらう。

⑤振り返りを行い，感想を発表する。

❹対話型・自己紹介ゲーム

【ゲームのねらい】

　従来の自己紹介のように一方通行のコミュニケーションではなく，双方向に会話をしてお互いのことを理解する。

【ゲームの流れ（１分×２回）】

①活動のねらいを説明する。

②縦３マス×横３マス，合計９マスの枠があるＡ４用紙を１人１枚配付する。

③用紙のカッコの中に，自己紹介したい項目を書いていく。

※項目は，教師がランダムに子どもを指名して，その子どもが内容を決める。他の子どもたちは，カッコに項目名を書いていく。

対話型・自己紹介ゲーム		
（好きな動物） パンダ	（思い出の場所） ディズニーランド	（好きなテレビ番組） ドラえもん
（　　　　　　）	（　　　　　　）	（　　　　　　）
（　　　　　　）	（　　　　　　）	（　　　　　　）

④それぞれの項目にあてはまる，自分の紹介内容を書く。

⑤全ての欄を書き終えたら，自由に席を立って友達とペアをつくり，「よろしくお願いします」のあいさつと握手をする。用紙を交換し，お互いが書いている内容について１分間言葉を交わす。時間になったら「ありがとうございました」のあいさつと握手をする。

⑥新しくペアをつくり，お互いの用紙を交換して，時間いっぱい会話をする。

⑦振り返りを行い，感想を発表する。

〈柴田　紀子〉

1学期　言葉の力の原石を磨く

ほめ言葉のシャワーの導入

●子どもが主体的に行う活動にしよう
●教師がほめ方の手本となろう

「ほめ言葉のシャワー」のねらい

　たくさんの教室でほめ合う活動（よいところみつけ）が行われている。

　ほめ言葉のシャワーを行う理由として，「自己肯定感を高めること」があげられると思う。自己肯定感とは，すぐれた自分を誇りに思うことではなく，ありのままの自分をこれでよいのだと思えることである。つまり，周りの友達や教師からほめ言葉をたくさんかけてもらうことで，教室で自分らしさを出すことができるようになる。自分らしくいられるクラスというのが，私の考える理想のクラスである。

自然に自分らしさが出せる33人

　そして，学級経営の土台となるコミュニケーション力を育む手立てとなり，対話的な授業を成立させるために効果的なものである。席替えをすると嫌な顔をしたり，態度に出したりしてしまう子どももいる。相手のことを知らないがゆえに，自分と相手の間に壁をつくってしまうこともある。相手を受け入れることができなければ，対話的な授業は成立しないと考える。つまり，子ども同士をつなげる活動でもある。

さらに、ほめられる主人公だけが成長するのではなく、ほめる側の相手のよいところを見つける視点を鍛えることにもつながる。つまり、お互いが成長し合える活動である。

　幼い頃は周りからの無償の愛があり、できないことの方が多く、少しの成長をたくさんほめてもらうことができていた。しかし、小学校あたりからは、無償の愛から条件つきの愛に周りの見方が変わってくる。それにともない、周りから認められるような成長ができないとほめられることが少なくなってきているように思う。しかし、子どもたちは、その子なりに自己内成長をしている。そこに目を向けられる環境を整えていくことで、さらに大きな成長につながると思う。まずは、教師がその視点をもって、ほめ方のお手本となっていくことが必要である。

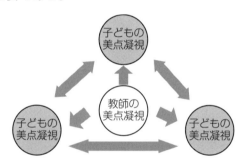

「ほめ言葉のシャワー」をやってみよう

　学級にほめ言葉のシャワーを取り入れる段階で注意しなければならないことがある。それは、教師主導にならないことである。あくまで、子どもが主体的に行う活動でありたい。そのため、無理矢理、押しつけのような形で始めない方がよいと考える。焦らずにきっかけを待ちながら始める方が効果的である。例えば、道徳の授業や学級活動をきっかけに自然な流れで始めるのが理想的である。中学年以降になると、子どもから友達のよいところみつけをしたいと言ってくることもあった。

【ほめ言葉のシャワーの手順】

○年間4回（4巡）程度行う

○日々の帰りの会で行う（時間がない場合は，無理には行わない）

①主人公は教壇に立つ

②他の子どもたちは，自由起立で次々と「ほめ言葉」を語っていく

③主人公は，ほめてくれる相手の方をしっかりと向く

④主人公は，ほめてくれた相手に「ありがとうございます」とお礼を言う

⑤最後の子どもが言ったら，教師も主人公に「ほめ言葉」を語る

⑥全員の「ほめ言葉」が終わったら，主人公は感想とお礼を言う（3つの感想を言う）。3つの感想は，新たな気づきやこれからの自分，お礼の言葉など

⑦全員で拍手をして終わる

よりよい活動にするために（他の活動との関連）

1巡ずつ終わるごとに，自分たちの活動を振り返ることも大切にしたい。みんなでほめ合って感じたことなどを全員で振り返ることで自分や友達，クラスの変化や成長をあらためて感じる機会になるだろう。そして，2巡目への意欲をもたせるために，レベルアップの方法を話し合い，態度面や言葉面について意見を出し合い，よりよいものになるように自分たちで「ほめ言葉のシャワー」をつくっていきたい。

マンネリ化を防ぐために

ほめ言葉のシャワーは，年間を通して4巡程度する。1年間同じ手法で行

っていくと，子どもたちの雰囲気が停滞してくると聞くことがある。3巡目あたりからは，ほめ方にも工夫を凝らしたい。例えば，

・主人公を「色」で例えてほめる
・主人公を「漢字一文字」で例えてほめる
・主人公を「四字熟語（造語でもよい）」で例えてほめる　　　　　　　　　など

　ほめる視点に工夫を凝らすことで，ほめる側のレベルアップにもつながり，ほめることが苦手な子どもも明確な自分なりの理由をもって伝えることができる。

心がまえ

　ほめ言葉のシャワーを子どもたちの主体性をもった活動にするために，人を傷つけたり，ばかにしたりしなければ，子どもたちの発言は受け入れるようにしたい。どうしても，ほめることが上手な子どももいれば，そうでない子どももいる。まずは，相手に自分の気持ちを伝えていることを評価していきたい。そして，ほめ方や，ほめる視点がよい子の発言を広げることが教師の役割として重要になってくる。ほめ言葉のシャワーの活動をやってよかったと子どもたちが思えるようにしたい。しかし，数分しかない，ほめ言葉のシャワーの時間だけでは，ほめ方の質を上げることは難しい。普段から，教師が美点凝視の視点をもって，授業や休み時間から子どもたちをほめることができているかが大切である。教師は，子どもたちにとってほめ方の手本となる。1時間1時間，1日1日，子どもたちの成長を信じ，教師の待つ姿勢がないといけない。

〈濱田　久司〉

1学期　言葉の力の原石を磨く

ほめ言葉のシャワーの実践と効果

●安心してほめ合える工夫をしよう
●2巡目への意欲をもたせる工夫をしよう

ほめ合いながら成長を待つ

　ほめることを通して成長したり自己肯定感が高まったりすることには，個人差があると感じている。ほめられたからといって，すぐに何かができるようになるとはかぎらない。そんな中で，「今はまだできていないだけで，必ずできるようになる」という教師の待つ姿勢というものが一人ひとりと関わる上で大切なことである。

ほめ言葉と価値語

　菊池実践の中に「価値語」がある。行動や考え方をプラスに導くものである。子どもたちにほめる視点が身につき，それを伝えることができるようになってくれば，ほめ言葉が価値語に変わってくることもある。菊池氏は「言葉を植林する」と述べている。肯定的で前向きな言葉を教師が子どもたちにかけていくことで，子どもたちがその言葉を引用し，自分たちなりの進化をとげた言葉になっていく。

ほめ言葉のシャワーと白い黒板

　菊池実践の中に,「白い黒板」がある。白い黒板とは,黒板を子どもたち
に開放し,テーマに沿ったそれぞれの思いや考えを,黒板が白くなるまで書
く活動である。自分たちの成長や友達の考えを可視化し共有したり,友達の
意見と比べながら自分の考えを再試行したりすることができる。この活動を,
「ほめ言葉のシャワー」の1巡目を終えた後に行った。テーマは「ほめ言葉
のシャワーで成長したことは何か」や「クラスの成長したことは何か」など
がある。子どもたちそれぞれがいくつも思いや考えを意欲的にたくさん黒板
に書く姿が見られた。黒板に書かれている言葉を全体で共有し,ほめ言葉の
シャワーの2巡目への意欲をもたせた。また,1巡目よりも,よりレベルア
ップすることを目指すということを目的に,「ほめる側」と「ほめられる側」
や「態度面」と「言葉面」に分けて意見を出し合った。そして,2巡目を行
っていった。

ほめ言葉のシャワーの実践

❶その子なりの工夫

　時間をかけてほめ合える雰囲気ができるのを待ち,
1巡目のほめ言葉のシャワーを始めた。1巡目は細
かく指示はせず,言えなかったら,後から伝えるこ
ともできるなど自由度をもたせた。

　始めると,まだ,ほめ方がわからない子や自分の
言葉で伝えられない子もいた。それでも,こちらが
焦らず,子どもたちのペースで成長することを待つ
ようにした。すると,友達の言葉をそのまままねし
てほめることができたり,友達の発言をメモして自

分の発言の参考にする子が出てきたりし，さらに，それをまねする子もいた。子どもたち同士で，自然な学び合いをしている瞬間であったように思う。

❷ほめ言葉のシャワーが生む価値語

　ある日の主人公の女の子は，みんなからほめ言葉のシャワーをかけてもらった後に，涙を流していた。その理由は，「みんなにたくさんほめてもらったぶん，私もみんなのよいところをほめてあげたいです」というものだった。その涙をクラスのみんなが価値づけて，「やさしいなみだ」という価値語も生まれた。

　次の週のほめ言葉のシャワーでは，主人公の男の子が，「いっぱいほめ言葉のシャワーをかけてくれてありがとう。これからもがんばります」というお礼を言った。すると，拍手と同時にある男の子が「いいシャワーですね。ぼくたちにもやさしいシャワーがふりかかりましたよ」とうれしそうな表情で言葉を返していた。ほめ言葉のシャワーの可能性を感じることができ，子どもたちの関係を強く結ぶ活動としてみんなの中に刻まれた日になった。

❸ハートのほめ言葉のシャワー

　ほめ言葉のシャワーは言葉で相手に伝えることを基本としているが，ほめ方がわからない子の不安感やみんなの前で発言することへの抵抗感を取り除くために，道徳の授業と関連させて，ハートの付箋でほめ言葉（ありがとう）を届ける活動をした。このハートの付箋は，教室壁面にどんどん貼っていき，帰りの会で読んでいくようにした。あっという間に教室の壁面はハートの付箋でいっぱ

いになった。子どもたちはみんな素直で友達のよいところを見つけることが好きなのだと感じた。たまったハートの付箋は一定期間が過ぎたら封筒に入れて，それぞれの子どもに届けた。子どもたちは封筒いっぱいになったハートの付箋をじっくり読み返していた。

　書かせる時の視点は，「自分だけが見つけた○○君のよいところ（がんばっているところ）」「事実＋意見」というふうに示した。この活動のメリットは，言葉で伝える際には周りの言葉に流されそうな子どもでも，ゆっくり自分の考えを整理して相手に伝えられるところである。

　この取り組みは，6年生で行い，そのメッセージを書いた付箋（カードでもよい）を進学先の中学校へ教師が渡しておき，中学校生活の中で中学校の教師から小学校の頃のがんばっていたことやよいところを子どもたちに伝えていこうという，小・中連携も行われている。

ほめる，認めることを文化に

　新年度になると，新しいクラスになり，子どもたちは周りの雰囲気に敏感になる。その中で，ほめ言葉のシャワーを核とした，ほめる，認める活動を当たり前のものとしていくことで，子どもたちは安心感をもつようになる。この安心は，心の居場所をつくるものとなる。特に，はじめの時期は，自分という存在を周りに認められたい時期でもある。心を耕してあげることで，一人ひとりが，自分や周りに目を向けることができ，あたたかい学級になっていく。

　幸せを感じられる心をもって登校できれば，自分らしさを発揮し，よりよい人との関わりができるであろう。

　5年1組は、いつでもどこでも小さなしあわせが生まれているから.

〈濱田　久司〉

1学期　言葉の力の原石を磨く

授業開きで学びのルール

> ●授業開きで，学びのルールをつかもう
> ●3月に向けて，話し合いで学級を育んでいこう

授業開きで学びのルール

　菊池氏は，始業式の日の「授業開き」で学びのルールを指導していく。今年度，私が担任する4年生でも「授業開き」の日に学びのルールを指導した。

①学習規律を学ばせる

・話は1回で聞く

・話し手と正対して聞く

・聞き手を意識して話す「出る声ではなく，出す声で話す」

②対話的な学びの態度目標を考えさせる

・考え続ける楽しさを大切にする

・自分から動いて話し合いに参加する

・質問力を磨く

　「授業開き」の日の子どもたちは，クラス替えがあり担任も変わり，自分をとりまく環境が大きく「リセット」される。どの子もやる気に満ちあふれ，わくわくドキドキした気持ちで登校している。このような状況の時にこそ，これからの学びの姿勢を示すことは，子どもたちの意欲をよりよい方向へ導いていく大きなチャンスになる。

4年生での授業開き

❶学習規律的な価値語を植林する

　始業式の日，黒板に「河本　勝一郎」と丁寧にゆっくり書く。「読める人？」と問いかける。ぱっと手をあげる子どもや手をピンと指先まで伸ばして手をあげる子どもがいる。ほめるチャンスがやってきた。「はやい！」「反応がすばらしい！」「手のあげ方が美しい！」と，手をあげた子どもたちをほめる。やる気に満ちあふれ，成長したいと願っている子どもたちだからこそ，具体的にどのような行動をとることが成長につながるのか，ほめることで気づかせる。その答えに気づいたように子どもたちの態度が変化していく。ほめることからスタートすることで，今年の担任の先生はほめてくれる先生だと感じさせることも，大切なポイントである。手をあげている子どもの手をさわりながら，「手をあげるとは，このように右手の中指の爪の先を天井に突き刺すのです。これを，手をあげるといいます」と，挙手の仕方を教える。みんなの前でほめられることで，「この先生は，ぼくをほめてくれる先生だ」と思ってもらえる。みんなの前でほめられることで，今までの自分をリセットして，新しい自分になろうという意欲がわいてくる。

　次の子どもを指名する。できるだけ対角線上の遠い後ろの席の子どもを指名する。ゆっくりとその子どものところに行く。ゆっくりと歩いて移動することで，静かな教室の空気感を感じさせ子どもたちの視線を集中させることができる。そして，立たせる。「すばらしいです。指名されたら両足でしっかりとこのように立つのです」とほめる。ほめた後に，教室全体をゆっくりと見まわしながら，正対している子どもを見つける。その子どものそばに行って，「すばらしいです。友達が発表する時は，おへそを向けて，正対できるんだね」とほめる。すかさず，黒板に「正対する」と書く。「こうやって，正対して聞いてくれると，話す人もその人の心に向けて話をする気持ちになるよね」「話す人は聞き手を意識して，聞き手は話す人の方を向いて目を見

て聞く。こうやって，みんなで学び合う教室をつくっていくんだね。すてきなみなさんですね」と話す。1年を見通した価値語を植林することは，子どもたちの向かうゴールを示すことになる。

・やる気の姿勢　　・正対する　　・すばやく反応
・天井に中指を突き刺す　　・拍手は「強く・細かく・元気よく」

❷質問し合うことの楽しさを教える

　担任の自己紹介をする。この場面で毎年心がけていることは，笑顔を入れることである。笑顔が増えることで，子どもたちの心も少しずつほぐれ，心から楽しんで担任の話を聞くことができるようになる。「後で，先生に質問してください」と言って，自己紹介をする。「先生に質問したいことがある人？」と尋ねる。「先生の好きなスポーツは何ですか？」「タグラグビーです」と笑顔で答える。「先生の一番好きな教科は何ですか？」「いい質問ですね。一番と限定してくれたので，とても答えやすいです。それは，何だと思いますか？」と，全員に問い返す。すぐに手があがる子どもがいる。「すばやい反応ですね」と，価値語と結びつけてほめる。「このように，1人の発言をみんなで考え合う教室は，とてもすてきですね」などと，子どもたちを具体的にほめる。質問をすることでその人のことをより深く理解できること，言葉のキャッチボールの楽しさを体験させる。

・みんなで考え合う楽しさ　　・言葉のキャッチボールを楽しむ
・質問で仲良くなる　　・質問は限定する
・コミュニケーションのカギは質問力

❸話し合いを学習の中心とする

　「先生は，このようにみんなで学び合うことを大切にしたいのです。みんなで話し合ったり，友達と対話を重ねたりする学習も大切にしたいのです。自分の思いを伝える，友達の思いを受け止めることができる学級に育ってほしいのです」という思いを子どもたちに伝える。

「少し今からやってみましょう」と言って，テーマを与えて話し合いを体験させる。「竹は，草か木か」と板書する。「みなさんは，どちらだと思いますか？」と問いかける。子どもたちにそれぞれの立場を決めさせ，挙手させながら，黒板に「草：〇人　木：□人」と書く。〇と□の合計が学級全員の人数に達した後，「次に先生は，みなさんにどんなことを聞くと思いますか」
と，問いかける。「理由」
という意見を引き出し，
「成長ノートに，理由を
箇条書きでたくさん書き
ましょう」と指示する。

①立場ごとに集まり理由を確認し合う
②それぞれの理由を発表し合う
③違う意見の人たちへの質問や反論を考える
④互いに質問と反論をし合う話し合いをする
⑤成長ノートに感想を書いて発表する
という流れで学習を進める。
　対話・話し合いは楽しいことなんだということを一番に考えて進めていく。「チーム力が上がっているね」「反論は相手への思いやり」と価値語も含めながらほめることを中心に言葉を投げかける。
・出席者ではなく参加者になる　　・理由は自分らしさの発揮
・反論し合う心の強さ　　・新たな気づきや発見が対話
という価値語も示しながら認めて励ます。
　最後に，「先生は，このような話し合いをみんなで楽しみながら1年間やっていきたいです。全員でひとりも見捨てることなくやっていきます。今日のみなさんの様子を見ていて，このクラスは大丈夫だ，実現できそうだと思いました。1年間，みんなですてきな学びができるクラスにしていきましょう」と言って「授業開き」を終わる。

〈河本　勝一郎〉

1学期　言葉の力の原石を磨く

話し合いの価値の伝達

●体験を通して，話し合いの価値をたしかめよう
●成長を意識して，学級力を高めよう

そもそもなぜ話し合いをするのか

　菊池氏は，1学期に「そもそもなぜ話し合いをするのか」という授業を行っている。1年間を通して話し合いを積み重ねていくが，なぜ話し合いが大切であるのかを子どもたちに体験させながら，その価値を伝えていく。

❶話し合うことの価値について考える

　「そもそもなぜ話し合いをするのか」と板書し，「そもそもとはどういう意味でしょう？」と子どもたちに問いかける。「今日はそもそもなぜ話し合いをするのかをみなさんと考えたいと思います」と伝え，授業を始める。

❷自分たちの成長を振り返る

　「1学期の間でこんなことがよくなった。こんなことをがんばった。班で出し合って数を数えてください」と4月からの学級や自分たちの成長を振り返らせる。学級や自分たちの成長を振り返らせることで，お互いのがんばりを認め合い，自己肯定感を高め，意欲を高めていく。班ごとに数を発表させる。「すごい学級ですね」とほめる。子どもたちの笑顔が増えていく。

❸話し合って意見を絞る

　授業の中で，話し合いの場面をいくつも設定する。話し合いを体験していくことを通して，テーマに迫っていく。「1学期の間でがんばったことや友達のすてきなところの中で，1番すばらしいことを話し合って決めてもらおうと思います」。肯定的な意見の中から，意見を1つに絞るという話し合いは，子どもたちの笑顔と活気があふれる話し合いの場となる。

❹どのような学級に育ってほしいのか

　1つに絞った意見を，各班の代表が板書する。「黒板に書いた人，はきはきと美しい日本語で読んでください」と，ひとりずつ発表させる。「クラスがまとまってきた」と子どもが発表したら，「例えば，どんな時のこと？」と具体的な場面の発表を促す。具体的な場面を発表させることで，言葉がより実感をともなったものに変化していく。共通体験をしている子どもたちにとっては，具体的な場面を想起することがより心に響く。

　「じゃあ，立ちましょう。先生がやめと言うまで，『これ，どういうこと？例えば？』とおしゃべりをします」「自由にいろいろな班の友達のところに行って，『これ，どういうこと』って聞いておいで」と少人数による話し合いとはどういうことなのかを体験させながら，どのような学級に育てたいのかを伝えていく。自分から主体的に動き，対話することのよさを味わわせる。

❺負荷をかけて育てる

　「2学期がんばったらよいこと，がんばらなければいけないこと，がんばるべきこと，3分間。はい，どうぞ」と話し合いを行う。ここで大切にしたいことは，スピード感である。同じことをくり返すのではなく，話し合いの質を上げていくための負荷をかける。時間を意識させ，話し合いがより活発になるように促す。班ごとに数を発表させる。「先生が次にどんなことを聞くかわかる人？」と尋ねる。「一番がんばりたいことを，班で決めて発表します」「はい，大正解！」とほめる。「相手はこう言うだろうな，こうきたら

こう言おうかな，と予想できているんですね」と子どもたちの力を認め，こう育ってほしいということを肯定的に伝える。「じゃあ，30秒で，この中でこれがトップだろう，当然優先順位1位だろう，というのを話し合って決めましょう」「はやい！」と子どもたちのスピード感あふれる話し合いや動きをほめる。学級で目指すべき話し合いの形に気づかせていく。

❻成長をつなげる

「はい，書いた人，待ちません。はきはきと美しい日本語で，立って読みましょう」。板書した子どもはひとりずつ立って読む。「今から，『例えばどういうふうなこと？』と，いろいろな友達としゃべります」。この場面での話し合いにおいて，「2回目です。男子は男子で集まる。女子は女子で集まる。最初はそれでいいけど，その後，男女関係なく動けるよね」「私が，範を示すって感じですよね。お手本になって，ということですよね」と，できていないことを直接否定するのではなく，こうしたらもっとよくなるということを進んで行えるように背中を押してあげる。否定的な指示を与えられると，子どもたちの意欲が失われる。こうしたらもっとよくなるというポイントを具体的に示していくことで，目指す方向がつかめ，意欲もわく。

「それぞれの班の友達とおしゃべりしましょう」。スピード感を大切にするので，ここでの話し合いの時間は1分にする。時間を短く区切ることで，切り替えのスピードも上げ，話し合いの密度を濃いものにしていく。

❼そもそもなぜ話し合いをするのか

話し合いを振り返り，「話し合って1つに決めました」。【よりよい生活を目指すために，人は話し合う】と，板書する。「今よりも，もっとよい生活。もっとよい自分。もっとよい学級。そして，成長するために話し合うんですね」と伝える。学級ディベートにも取り組んでいるが，「ディベートの勝ち負けはあるかもしれないけれど，勝つために全力を出して，よりよい生活にするために，人は話し合うんですよね」と話す。

最後に，「最高の姿勢をしましょう。同じグループの班の友達にお礼を言いましょう。よりよい生活にするために話し合ってくれた友達に，もう1回」。価値観の異なる他者を大切にする，他者を理解しようとすることが話し合いのもととなっていることに気づかせる。そのためにも，しっかりと最後にお礼を伝えて授業を終えた。

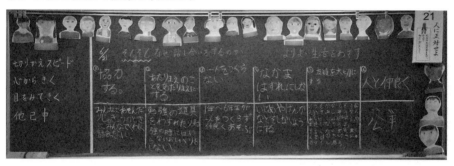

学級ディベートのスタート例

	学級ディベートのねらい	テーマ	方法
1年	話すことの楽しさを味わう	質問ゲーム	質問の数を競い合う
2年	ミニ学級ディベートを楽しむ	お気に入りの場所はどこか	判定のルールを決めて学級ディベートを楽しむ
3年	討論を楽しむ	給食をやめて弁当にすべきである	賛成意見と反対意見の数を競い合う
4年	リサーチを生かしてミニ学級ディベートを楽しむ	学校に自動販売機を設置すべきである	フローシートを活用してポイント制で競い合う
5年	問題解決的な学級ディベートを楽しむ	学級文庫に漫画を置くべきである	「メリット・デメリット」の争点で競い合う
6年	学級ディベートを生かして討論を楽しむ	宿題をやめて自主勉強にすべきである	議論の争点を決めて政策を検討する

〈河本　勝一郎〉

1学期　言葉の力の原石を磨く

スピーチ指導の準備と導入

●スキンシップで仲良くなり，相手の目を見て伝わるように話そう
●対話の型と形態を工夫しながら，聞き手も育てよう

スピーチ指導のねらい

　低学年から高学年になるにつれて，スピーチの質は高まっていかなければ
ならない。そのためには，学年の発達段階に応じて系統立てて取り組んでい
くことが大切である。よって，低学年からのスピーチの取り組みが基盤とな
ってくるため，低学年におけるスピーチ指導の在り方や子どもたちのあるべ
き姿を見据えて取り組んでいく必要がある。また，スピーチ指導は，学級づ
くりのひとつでもある。話せる子どもを育てていくことが学級のまとまりを
つくり，学級そのものを成長させることにつながってくる。

　スピーチ指導を始めるにあたり，下記のようなねらいをもって取り組むこ
とが必要であると考える。

・友達と仲良くなるために，スキンシップを大切にして気軽に話せる場をつ
　くる

・声を出すことに抵抗がないよう，声の大きさに気をつけさせる

・話の内容は，4つのかたまりで少し長いまとまった話ができるようにする

・対話の型や形態を工夫しながら，表現性豊かな話ができるようにする

・スピーチ指導では聞き手の「聞く」態度についてもあわせて指導していく

スピーチ指導を始める前に必要なこと

　スピーチ指導を行う前に，指導者として必要なことは，「人前で話すスピーチ」と「普段の話し言葉」には違いがあり，その違いは，大きく「内容」と「声」の2つに分かれるということを理解することである。内容面は，「事柄の順序に沿って，筋道を立てて話すこと」であり，声の面は，「聞き手に正しく伝わる声の大きさやはやさ，発音の正確さ，間，抑揚」である。よって，人前でスピーチができるようになるためには，教師の計画的な指導と，子どもたちの場数を踏んだ学習経験が必要となってくる。また，「話すこと」は，自分の思いを相手に伝え，理解してもらうための大切な手段である。あらゆる場において，自分の考えを伝えることは必要不可欠であり，場合によっては相手を納得させることも必要である。「話すこと」「伝えること」は一方通行ではない。「対話」である。相手がいてこそ成り立つものである。自分の考えを聞き手にわかりやすく伝え，理解してもらうための大切な手段のひとつが，「スピーチ力」だといえる。子どもたちに身につけさせたい力が何かを明確にし，スピーチ指導を始めるとよいだろう。

スピーチ指導の第一歩

❶スキンシップで友達と仲良くなる

　休み時間はよくおしゃべりをするけれど，あらたまった場での話は苦手だという子どもたちが，どこの学級にもいるのではないだろうか。そのような子どもたちを学級の中心に据え，積極的に発言できる子どもたちを育てることは大事なことである。子どもたちが安心して自分の思いや考えを出すためには，友達とのつながりや学級の素地がしっかりしていること，子どもたち同士が仲良くなることが第一である。お互いが自然に関わり合える人間関係の構築，仲間づくりをしていくことである。握手したり笑いかけたりしなが

ら友達と関わるなど，日頃の学級経営で教師自身がスキンシップを大切にし，コミュニケーションを意識した支持的風土を高めることが大切である。

❷相手の目を見て，伝わるように話そう

全体の場や少人数でスピーチをする時に，聞き手
の目を見ず，下を見たり手遊びをしたりして，目を
合わせずに話す子どもはいないだろうか。人と話す
時に，相手の目を見るということは大事なことであ
る。スピーチ指導で大切なことは，「相手の目を見
て，顔を合わせて話す」ことである。スピーチの時だけでなく，学習の場に
おいて常に意識させることが必要である。

「大きな声で話しなさい」「聞こえる声で話しなさい」と，子どもたちが話
し合いや発表をする時に教師はよく指導する。しかしながら，子どもたちに
とっては，言いすぎると萎縮してしまい効果的だとはいえない。まずは，
「話す」場面を多くもち，自分の思いを言葉で伝えることに抵抗感をもたな
いようにするべきである。授業中の発言など，子どもたちは，全体での発表
となると，かたまってしまったり声が小さくなってしまったりすることがあ
る。日頃から，自分の思いを伝える場を意図的に設け，相手に自分の思いが
伝わる喜びを実感させることが大切である。相手意識をもって話すことが，
場の必要に応じた声の大きさを意識することにもつながる。

❸対話の形や形態を工夫し，対話の場「わいわいタイム」を盛りあげよう

「対話」の場を多くもつことが，スピーチ力につながる。ペアやグループ
などで，「問答ゲーム」や短い話し合いをする場「わいわいタイム」を設定
する。楽しく活動を継続していくことが，気軽に話せるようになる段階のひ
とつでありスピーチの練習にもなる。対話の場を設ける時は，子どもたちが
人前で話したくなるようなネーミングの工夫や話す必要性のある場面を設定
することも効果的である。楽しく話す体験や自分の話を伝えたいという思い

をもたせることが，人前で話すことを苦手とする子どもへの手助けになる。

　スピーチ指導では，練習することも必要である。本番でスピーチをする前に，スピーチの練習をしてペアで伝え合うようにする。スピーチの練習後に，互いのスピーチに対する活発な感想交流を行うと，子どもたちは自己の振り返りをして，次の話し合いに生かすことができる。ペア，グループ，全体と段階を踏んでいくと，子どもたちの話そうとする意欲も高まってくる。低学年の子どもたちは，「話したい！」「聞きたい！」という意欲のかたまりである。しかしながら，自分の言いたいことだけが先走り，話の順序がつながらないことが多い。そこで４つのまとまり（いつ，どこで，誰が，どうした）で話す指導をする。話の内容を詳しく広げることや話の順序性もわかり，スピーチ力もついてくる。

❹聞き手を育てよう

　スピーチをする時は，「何のために，誰に伝えるのか」という話し手の目的意識がなければ伝わらない。自分の思いを伝えて共感してもらうためなのか，あるいは議論し合う中での説得するためのスピーチなのかなど，話し手の意図と目的は明確である。スピーチは，話し手だけを育てるのではなく聞き手も育てていかねばならない。聞き手に対する指導もスピーチ指導のひとつである。よって，低学年の時から，スピーチ後には「質問や感想はありませんか？」などと話し手が聞くようにするとよい。聞き手は，スピーチをよく聞いておかないと質問や感想が言えないため，話し手が問いかけることで聞くことの大切さがわかる。聞き手の聞く態度を育てることも必要である。また，聞き手の称賛の拍手が話し手のスピーチに対する意欲を高める。

　このように，教師がスピーチの目的や子どもに身につけさせたい力，求める子どもの姿を学びの先に明確にもっていることが，スピーチ指導の日々の取り組みの成果につながる。スピーチ指導を始めるにあたり，子どもたちが「話したい」「聞きたい」と思える，教師の工夫した継続的な取り組みが大切だと考える。

〈甲野　裕理〉

1学期　言葉の力の原石を磨く

1学期　スピーチ指導の具体例

●話す楽しさを感じよう
●友達とのつながりをつくろう

スピーチで友達とつながる

　話す力を伸ばす目的は，自分のことを伝え，相手のことを知るという豊かなコミュニケーションをとれるようになる，ということである。1学期，新しい学級のスタートにあわせて，簡単なスピーチを経験させながら新しい友達とのつながりを深めさせたい。

　自己紹介を行う前に，2人組や4人組でのスピーチ練習を行いながら慣れさせていくとよい。まずは，声を出すことに抵抗がないように話し始めや終わりの言葉を設定し，短い文から始めていく。その際に，体の向きや目線なども丁寧に教えながら全体で確認するとよい。最初は教師がお手本を見せる。教師と子どもで，向かい合ってスピーチする様子を見せながらイメージをつかませる。その際，具体的にポイントを示しながら説明するとよい。子どもたちに使わせたい言葉などは，黒板に書きながら視覚的に確認できるようにする。説明をする段階で，できるだけ多くの子どもたちが見通しをもち，「話せそうだな」という安心感をもてるように，丁寧に指導したい。さらに，以下に示したように，一つひとつの動きや言葉を指示しながら進めていくと，教師の言葉に合わせて動くことができる。

教　師：隣の人と体を向かい合わせましょう。（正対しましょう）

子ども：（向かい合う）

教　師：笑顔で「よろしくお願いします」と言って握手をしましょう。

子ども：（笑顔で）よろしくお願いします！（握手する）

教　師：その時に相手と目を合わせるといいですね。

子ども：（目を合わせてニコッとする）

教　師：まずは，「私の名前は○○です」から始めましょう。次に，好きな食べ物，好きな○○を話しましょう。最後は，「これで私の自己紹介を終わります。ありがとうございました」で終わります。

※スピーチの内容や項目数については，学年や子どもたちの実態に応じて調整する。全員が安心して話せる内容と量にすること。

子ども：私の名前は○○です。好きな食べ物は……

教　師：終わったら，がんばった友達に大きな拍手をおくりましょう！

子ども：パチパチパチ！

教　師：交代しましょう。

　２人組の次は，４人組で行う。それから全体の場でスピーチをすると子どもたちも安心して堂々と話せる子が増える。スピーチを通して，子どもたちに，「自分のことを話して楽しかった。友達のことを知れてうれしい」といった気持ちを感じさせることが，コミュニケーションの基礎となり，学級の絆を深めていく。スピーチの後には，感想を書かせたり発表させたりしながら，スピーチによるつながりの深まりに学級で共感したい。

　以上のような活動に慣れてくると，５分程度のすきま時間でスピーチの練習ができるようになる。例えば，「休みの日にやったこと」「一番好きなテレビ番組」など，誰でも話せそうな話題でスピーチができる。朝の活動などで行い，コミュニケーションの楽しさをたくさん感じさせたい。

❶ナンバリングとラベリング

　実態に合わせて「ナンバリングとラベリング」を使って話すようにすると，構成をつかんで話しやすい。ナンバリングとは，意見の数を数字で示すこと，ラベリングとは，意見の内容を端的に示すことである。

例：「感想が３つあります。１つ目は，○○です。私は……と感じました。

　　２つ目は，△△です……」

　この話し方を覚えると，まとまった話ができるようになる。また，意見を３つ話そうとする意識をもつことで，自然と内容も充実していく。

▎1学期　スピーチの設定場面と例

　1学期は自己紹介の他に，子どもたちはどんな場面で人前で話すことがあるだろうか。また，話す場面を設定することができるだろうか。

・低学年　：絵日記の紹介，大切な宝物の紹介

・中学年　：見つけた自然の中の生き物，私の町の紹介

・高学年　：委員会活動での説明，運動会での話（応援団など）

・学年共通：朝の会や帰りの会でのスピーチ，授業で自分の考えを話す場面
　　　　　　（国語や道徳など），生活科や総合的な学習の時間での発表

　以上のような場面が考えられるが，工夫次第では様々な場面でスピーチを設定することができるだろう。教師は意図的に，そして各教科や学校行事などを効果的に活用しながら，それぞれの場面で話す経験を積ませていきたい。子どもたちは，1学期間をかけて人間関係を築いていく。コミュニケーション能力は，相手との関係性に合わせて伸びることを忘れずに，速成指導ではなく，じっくり成長を見守る姿勢が大切である。

▎聞く力を伸ばす取り組み

　学級でよい聞き手が育てば，話す力もぐんぐん伸びる。1学期はスピーチ

への取り組みを始めるとともに，よい聞き手を育てることも並行して行う。

❶よい聞き方が話し手に伝わるようにするために

【聞き方コンテスト】

　みんなの前でスピーチをした後に，話し手に一番聞き方が上手だった子とその理由を教えてもらう。理由がわかることで，どんな聞き方が話し手によい印象を与えるのか学ぶことができる。

【アイコンタクトゲーム】

　代表の子がみんなの前に立ち，ひとりずつ目を合わせていく。自分と2秒間目が合ったと感じた子は，手をあげる。全員が手をあげるまでの時間をはかる。できるだけ短い時間で手があがるように工夫する。これは，話し手のアイコンタクトをとりながら話す力を育てるゲームだが，聞き手にも目を合わせることの大切さを感じさせることができる。

❷能動的な聞き方ができるようになるために

【聞いたら返すは当たり前】

　誰かの話を聞いたら，感想をもったり質問をしたりすることを学級のルールとして，目的意識をもって聞けるようにする。はじめはペアで話した後に感想や質問を返すようにするとよい。また，スピーチの後に「感想や質問はありませんか」と話し手が聞くようにして，聞いたら言葉を返すことを当たり前にすると，聞き方が変わっていく。

【連絡は聴写の時間】

　朝の会や帰りの会での連絡を聞いて書かせる。一字一句間違わず正しく書くことができるようにする。はじめはゆっくり，何度かくり返しながら話し，慣れてきたらスピードを上げて回数を減らすとよい。はやく書けた子は，内容を確認する。聴写できないと自分が困るので，子どもたちも一生懸命聞こうとする。3か月もすると低学年でもスラスラ書けるようになる。

〈由川　裕治〉

1学期　言葉の力の原石を磨く

ディベート指導の始め方

●かみ合った議論の楽しさを体験を通して実感しよう
●ディベートによって個人やクラスの総合力を伸ばそう

「ディベート」につながるコミュニケーションゲーム

「ディベート指導」の「はじめの一歩」について紹介する。

いきなりディベートを学級にもちこむと，子どもたちに大きな抵抗感を与えることになる。そこで，まずは，ディベートにつながるコミュニケーションゲームを行うことが大切である。ディベートにおいて，大切になる力を分類すると，「チーム力」「意見力」「質問力」「反論力」の4つになる。

❶「チーム力」を鍛えるゲーム

【「○ん○ん」のつく言葉探し】：2分間で思いつくものをチームで出し合う。多いチームが勝ち。（例：「しんぶん」「たんにん」「あんぱん」）

❷「意見力」を鍛えるゲーム

【どっちが好きかゲーム】：3人1組で行う。テーマ（例：海と山，クッキーとチョコレート，犬と猫）に対して，どちらが好きかを決めて理由を3つ考えて話す。「なるほど」と審判に思わせた方が勝ち。審判は，根拠の強さで判定する。

❸「質問力」を鍛えるゲーム（質問力は，対話・話し合いのカギとなる）

【友達紹介質問ゲーム】４～５人のチームで答える人を１人決める。残りの人が，その子に関係する質問をする。１人が続けて質問できるのは２回まで。答えることができたら１ポイント。ポイントが多いチームが勝ち。

❹「反論力」を鍛えるゲーム

【「ちょっと待った！」ゲーム】：「給食は全部食べるべき」「学校に携帯電話を持ってきてもよい」などのテーマに対して，反論を出し合う。反論の数が多い方が勝ち。

　これらのゲームでは，「人と対話することは，楽しいこと」という価値観を与えることが必要である。そして，「ディベートは難しい」という不安なイメージを変えていくことがねらいである。

「ミニディベート」をやってみよう

　コミュニケーションゲームの次は，ミニディベートを経験させることでディベートの大まかな流れやルールを理解させることができる。

【ミニディベートとは】：３人１組になって，肯定・否定・審判を１人ずつ交代して行う形式。３試合行うことで全員が１回ずつ全ての役割を経験することができる。また，この時に話の流れのメモの仕方を学ぶこともできる。

【流れ】：全ての間に１分間の「作戦タイム」を設定する〔１試合約10分〕
①肯定側立論（１分）→②否定側質疑（１分）→③否定側反論（１分）→
④否定側立論（１分）→⑤肯定側質疑（１分）→⑥肯定側反論（１分）→
⑦判定（振り返り）

※この時期は，流れをつかむことが大切なため，テーマに対する立論を教師が用意（反論型ディベート）してもよい。子どもたちは，その立論に対して反論し合うので，準備時間がかからず，短い時間の中でたくさんの試合経験を積むことができる。

〈①肯定側立論〉	〈②否定側質疑〉	〈③否定側反論〉	判定
「宿題をやめて自主学習にすべきである」に賛成します。そのメリットは「勉強に対する意欲が上がる」です。 　理由を言います。宿題をやめて自主学習にすると，自分の好きな勉強ができるので，自分から学ぶようになります。何をするにもまずは意欲が大切です。だから，意欲を上げることは，すごく重要なのです。 　このような理由から，宿題をやめて自主学習にすべきです。			
〈④否定側立論〉	〈⑤肯定側質疑〉	〈⑥肯定側反論〉	判定
「宿題をやめて自主学習にすべきである」に反対します。そのデメリットは「学力が下がる」です。 　理由を言います。自主学習にすると，多くの人は遊ぶ時間や習い事を優先して，家庭学習の時間が短くなります。短時間で終わらせるために，簡単な内容しか勉強しなくなります。そうすると，学力が身につきません。これは，すごく深刻な問題です。 　このような理由から，宿題をやめて自主学習にすべきではありません。			

※はじめの段階では，丁寧な振り返りをすることが大切になる。ミニディベートで2試合とも勝利した子に模範試合をさせる。全員で見ることで，質問を生かして反論すること，意見をかみ合わせることを学ぶことができる。教師が，黒板を使ってメモをし，意見の流れを見せることも有効である。

「ディベート」を体験しよう

　ミニディベートを経験した後は，ディベートに挑戦していく。

```
【ディベートの論題例】
・小学校にジュースの自動販売機を設置すべきである
・学校給食をやめてお弁当にすべきである
・宿題をやめて自主学習にすべきである
・学級文庫に漫画を置いてもよい
・小学生が携帯電話を持つのは禁止すべきである
・ランドセルをやめて自由かばんにすべきである
```

【ディベートが始まるまでの流れ】

①基本的に１チーム４人で編成する

②論題を与え，肯定・否定の立場を決める

③論題に対して質問をし，テーマに対する共通理解を図る

④ディベートに向けて準備をする

　（本，インターネット，インタビュー，アンケートなどを通して根拠をつ
　くる）

⑤チームでディベートの流れを予想し，作戦を立てる

⑥試合を行う

　はじめてのディベートでは，意見がかみ合わなかったり，空白の時間がで
きたりすることが多くある。ただ，この時期は，上手にできなくてもディベ
ートを経験させ，主張の仕方をどうすればよいか，質問の仕方，反論の仕方
はどうすればよいかという話し合いの技術を学ぶこと，そしてなによりも
「議論することの楽しさ」に気づかせることが大切になる。２学期以降もデ
ィベートやディベート的な話し合いを経験させることで，思考の幅が広がり，
話し合いの質が上がっていくことを実感できるようになる。

〈深和　優一〉

1学期　言葉の力の原石を磨く

学年別ディベート指導のポイント

●かみ合った議論の楽しさを発達段階に応じて感じさせよう
●身につけさせたい「ディベートの要素」を明確にもとう

成長の質を上げる学級ディベート

　菊池実践では，コミュニケーション豊かな学級づくりに向けて，基本的に1年間の見通しをもって子どもの成長を促す。その多様な取り組みの中で，子どもたちの成長の質を格段に上げる核となる活動と菊池氏が位置づけているのが「学級ディベート」である。

　「ディベート」は，教科書で「学級討論会」として取りあげられている言語活動であるが，高学年でも成立させることが難しいと捉えている教師が多い。ましてやそのディベートに低学年や中学年で取り組むことなどとうてい無理ではないか，そんな声が聞こえてきそうである。

　しかし，学級ディベートを念頭に置いたコミュニケーション力の育成を，ある特定の学級の中だけでなく6年間の系統性を意識して，学校全体で取り組むことができれば，爆発的な子どもたちの成長を達成することができるのではないだろうか。

　そこで，子どもの発達段階に応じたディベート的な取り組みや，身につけさせたいディベートのもつ魅力的な要素について，低学年や中学年で取り組むためのポイントをまとめていきたい。

低学年のポイント

　低学年では，本格的なディベートそのものではなく，ディベートの要素を多様な活動で体験し，ディベートのもつよさを実感することがめあてとなる。

❶多様な「コミュニケーションゲーム」で，対話自体を楽しむ

例１：【ＡとＢ，どちらの方が好きですか？】「海と山」「犬と猫」などに対して自分が好きな方（立場）と選んだ理由を話し合う。

例２：【好きなものを10個聞き出そう】質問側の「○○は好きですか？」に対して「はい」「いいえ」で答える。どれだけはやく「はい」を10個聞き出せるか競う。

・最初は教師がモデルを示したり，教師の指示のもと全員一斉の活動としたりすることで見通しをもたせ，失敗感を与えないようにする。

・慣れてくるにしたがって，一方的なスピーチ型から，聞き手の質問に対して答える問答型に移行していく。

・複数の理由が言えることを価値づけたり，その際には「１つ目は，２つ目は」とナンバリングして答えるように促したりし，対話の質を上げていく。

❷「ディベート的な話し合い」で，主体的に学ぶ楽しさを味わう

例１：【一本のチューリップ（道徳)】公園に生えているチューリップを抜いて見舞いに持っていくことは正しいという考えに賛成か？　反対か？

例２：【くじらぐも（国語)】くじらぐものスピードは，はやい？　ゆっくり？

例３：【お手紙（国語)】がまくんの気持ちが変わったのはどこか？

・「どちらがより正しいのか」「なぜそう考えたのか」と問いに対して自分の考えをもち，それを比べ合うことで納得解を追求する。新しい気づきや発見のある学習経験をくり返し積み重ねていく。

・立場を決め，選んだ理由を考える→同じ立場同士が話し合い，自分の意見を強くする→全体で話し合い，相手の立場に質問や反論をする。

中学年のポイント

　中学年では，低学年と同様に多様なコミュニケーションゲームを通して対話自体を楽しむことと並行して，ミニディベートや立論型ディベートに取り組みたい。事実を根拠としながら，対話・討論を通して結論を導く学習の進め方が身につくことで，ディベート的な話し合いを中心とした授業全体が活性化するだけでなく，学びに向かう学級集団の成長も図ることができる。

❶「ミニディベート」で，ディベートの流れを体験する

・立論から質疑を経て反論にいたる，基本的なディベートの流れを「全員が」「手軽に」「何度も」経験することができる。
・「朝食はパンよりもごはんがよい」「楽しい季節といえば冬よりも夏だ」など，「なるほど」を引き出しやすい，気軽に話し合える論題を設定する。

❷「立論型ディベート」で，根拠のある主張自体を楽しむ

・2つの立場に分かれて「どちらの立論がより強い主張か？」で勝負する。
・「宿題をやめて自主学習にするべきである」「学級文庫に漫画を置くべきである」など，身近な生活に関わる問題（政策論題）を取りあげる。

❸「ディベート的な話し合い」で，納得解を追求する

例１：【一つの花（国語）】10年後のゆみ子は幸せか？
例２：【ごみのゆくえ（社会）】公園のゴミ箱はなくすべきである。
例３：【雨のバス停留所で（道徳）】並んでいなければ順番を抜かしてもよい。
・年間を通して，各単元の中で少なくとも1時間程度は「納得解」を追求するテーマでディベート的な話し合いを設定したい。

・事前に調べて話し合うために準備をしたり，何に対して意見を述べている
　かターゲットを絞って話し合ったりと，ディベート的な要素を大切にする。

■ 学級ディベートで身につけさせたい要素

❶「心がまえや礼儀，対話・討論に対する見方・考え方」に関するめあて

・「礼に始まり，礼に終わる」：討論できる相手がいるから成長できる

・「時間を守る」：制限時間の中で全力を出すことに意味がある

・「人と意見を区別する」：感情的になって相手の人格を否定しない

・「事実を根拠とする」：暴論ではなく事実を根拠に主張し合う

・「勝敗は準備で8割は決まる」：チームで協力して行う準備こそが大切

・「A＋B＝C以上」：討論を通して生まれた新たな学びこそ成長である

❷「コミュニケーション力や対話・討論の質の向上」に関するめあて

・「定義に沿って話し合う」：何を前提として話し合っているのか意識する

・「ナンバリングして話す」：聞き手の立場に立ってわかりやすく話す

・「ラベリングして話す」：端的に，ぶれずに伝える

・「構成図（フローシート）を書く」：展開を予想しかみ合った議論を目指す

・「要点をメモしながら聞く」：目的意識をもった聞き方を身につける

　これらの要素を「コンパクトに」「活動を通して」「子ども自らが主体的に」身につけていく学習活動は，学級ディベートが随一だと思われる。発達段階に応じて学級ディベートやディベート的な話し合いを効果的に設定することが望ましい。高学年では低・中学年で身につけたこれらの要素をテンポよくたしかめながら，「反駁の四拍子（引用・否定・理由・結論）」を用いた反駁型の本格的な学級ディベートに挑戦する。ディベートの要素を多分に生かしながら，学習活動全体の構想を立てたり，授業自体を自ら動かしたりする力に磨きをかけ，主体的・対話的で深い学びを実現させたい。〈江﨑　高英〉

2学期　それぞれの豊かな表現をつくる

価値語が生み出され続ける環境づくり

●価値語で話し合いの土台づくりをしよう
●非日常と日常をつないでいこう

2学期の価値語指導のねらい

　2学期の価値語指導は，授業づくりに必要な学級の土台をつくるための価値語を指導していく。1学期で植林した規律的な価値語を大切にしながら，授業を充実させる価値語を植林していくのである。指導にあたっては次のようなねらいをもって取り組むことが大切である。

・対話・話し合いを通して，人間関係を深めていく
・その子らしさを大切にしていく
・非日常を日常生活につなげていく

　菊池学級の卒業生は，「2学期の始業式での価値語，再リセットが私たちが変わり始めたきっかけだった」と話している。1学期で育み始めたものが，実感に変わり，次につながるのが2学期である。
　菊池氏は，「1学期は教師と子どもの縦の関係を築く時期であり，2学期は子どもと子どもの横の関係を築く時期である」という。子どもの関係に目を向けながら，成長集団を生み出していくことを大事にしたい。

対話・話し合いの土台づくり

　研究会や動画で見た素敵な学級の多くでは，充実した対話・話し合いが行われている。菊池氏は対話・話し合いに関して，「その教室ならではのグランドルールが必要である」という。話し方や聞き方の方法的なルールのみにとらわれず，心の内面を表すルールこそ大事にしたい。

　右の写真は，私のクラスにあるグランドルールである。相手の存在を意識させ，思いやりをキーワードに子どもとともにつくっていった。

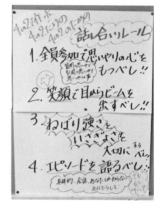

　ほめ言葉のシャワーの1巡目が終わり，2巡目をどう変えていくかをみんなで練っていた時，Aさんの「全員が違うことを言ったらもっと主役の人はうれしいと思う」という言葉から生まれたのが，【エピソードを語る】という価値語である。「Bさんは，先生からどんなことを聞かれてもすぐに手をあげて発言するので，積極性がすごく高い人だなと思いました」と言っていた子どもたちが，「Bさんは，今日の理科の時，水の力は分子という小さな粒がたくさんあることにより強いと言って，みんなに『おぉ』と言われていました。私はBさんが全員をまきこめる人だと思いました。私もそうなりたいです」と変わっていった。今日の出来事や会話，2人しか知らない物語を語る姿が生まれてきたのである。教師と子どもが価値語によって意識を変えることで，行動を変え，よりよい対話を見出すことできる。

　子ども任せの対話や話し合いだけでは，ダイナミックな成長は生まれにくい。理想の姿や行動を教師と子どもが価値語をもとに共有し，意識していくことが重要である。

自分らしさを発揮する

　教室が「安心」と「自
信」に満ちあふれてくる
と，子ども一人ひとりの
「らしさ」が出てくる。
「らしさ」を生かす学級
経営を行うには，係活動
が大切になる。

　菊池氏は著書『コミュニケーション力あふれる「菊池学級」のつくり方』
（中村堂）の中で「係活動は，自分らしさを発揮させる場として位置付けて
います。活動内容は相当な『自由度』を保証しています」といっている。子
どもたちの発想を最大限生かしながら活動をサポートしていく。

　係活動をしている子どもたちにつけた価値
語が【個性のばく発】である。この価値語に
は，絵がうまい人，人を笑わせるのが好きな
人，ポスターをかきたい人など，それぞれの
得意なことを最大限発揮して，自分たちで教

室をおもしろくしていこうという思いがこめられている。この価値語により，
よいところを見つめ周りに広げていく「ほめ言葉の木会社」や写真を撮って
価値語をつけていく「価値語会社」など，活動内容でも個性を発揮するよう
になった。そのクラスらしい学級風土が生み出されていったのである。

　係活動が充実してくると授業中の発言が変わってくる。「私はみんなと違
って，○○だと思います」と周りの意見に流されずに発言する子や図や表を
使ってわかりやすく説明する子など，自分らしさを大事にする子どもが増え，
授業に多様性と深まりが生まれてくる。

非日常を日常に生かす

　2学期は，たくさんの行事がある。行事をその場限りのもので終わらせるのではなく，日常生活につなげていきたいものである。

　その時に有効なのが，ミニ授業である。朝の会を中心として，子どもに伝えたいことや考えてほしいことを黒板に書き記したり，子どもに書き込ませたりする。ほめて伸ばすことを中心に指導するが，厳しく叱ることもある。価値語とセットにすることによって，公の社会を意識させ，次につながる指導になる。

　持久走大会後，【原石をみがく】という価値語をもとに，努力，全力，涙，仲間について考えた。下記は，ミニ授業を終えた子どもの感想である。

> 　持久走大会で学んだ，「仲間と競い合うこと」「あえて苦しい道を進むこと」をこれからの生活に生かしていきたいです。この話し合いでは，いつもの授業よりじっくりこれからのことを考えることができました。

　対話・話し合いに満ちた充実した授業を行うため，日常生活から価値語を通して，子どもを育てていきたい。

〈小川　広暉〉

2学期　それぞれの豊かな表現をつくる

価値語で高める対話力

●価値語で学び合う力を身につけよう
●価値語で集団を成長させよう

関係性を向上させる

　2学期は，子ども同士のコミュニケーション力を加速させたい時期である。

　自分の考えを表現したり，相手の話をよく聴いたりするという力を伸ばすために，1学期に根づいた価値語をさらに発展させていきたいものである。

　特に，授業で学び合う力を高めていくために価値語を使っていく。

【ニコニコ笑顔力】

　ほめ言葉のシャワーで，「いつも笑顔でいいですね」という言葉が出されることがある。

　笑顔は最高のコミュニケーションツールである。

　話し合いでも笑顔になれば，お互いの意見を受け入れることができる。

　笑顔があれば，どんな話し合

いも円滑に進む。

　話し合いは，相手を非難したり否定したりする場ではなく，理解し合うために行うということを実感させる。

【寄り添う】【ひとりも見捨てない】

　顔を近づけて教えている場面である。互いに信頼し合っていなければできない。

　「寄り添う」という意味を理解し，よさを感じる。子ども同士の関係性も深くなる。

　また，自分だけわかればよいということではなく，みんなで理解できるようになりたいという気持ちを育てるために，「ひとりも見捨てない」という価値語も提示して考えさせたい。

【人に正対せよ】

　伝えたい相手をしっかり見つめて話をする。聞く方も話し手の目を見て聞く。そうすることで互いの考えを理解し合うことができる。

　さらに，周りの人たちも話し手の方に正対していると，クラス全体に一体感が生まれる。

　正対するよさを感じ取るようになると，正対するというのは，相手を大切にするという行為であることに

気がつく。

　発表者の気持ちに応えるように共感しながら聞くという内面的な気持ちもレベルアップしていく。

　このように，みんなで一人ひとりの考えをしっかり聞き合い，理解しようという空気が生まれる。

コミュニケーション力を高める

　コミュニケーション力をレベルアップさせることで，集団で学び合う力も高まり，生き生きと話し合うことができる。

　さらに，子ども同士の関係性も向上するような話し合いができるようになる。

　単なる意見の伝え合いというレベルから，理解し合う，そして共感し合うというように，学び合いの力がレベルアップしていく。

【話し合いはニューアイデアを出すために】

　互いの考えを知ることにより，「なるほど」という声が上がる。

　友達の考えを聞いていると，自分の考えも浮かんでくる。

　話し合っていると，共感したり，反対意見をもったりする自分に気がつく。

　自分ひとりだけで考えているよりも何倍も考えが浮かんでくる。

104

【白熱せよ】

　討論やディベートなどの話し合いでは，しっかりと話を聞いて反論する力が必要である。

　その力があると一人ひとりが意見をもち，自信をもって友達との活発な意見交流が展開される。

　真剣な話し合いになることで，さらに深く考えるようになり，活発な話し合いになっていることを実感する。

　そして，子どもたちは，これが「白熱する」話し合いだということを知る。

　ただし，加熱しすぎて，口論している時のような口調になることもある。

　それは，白熱ではなく，単に相手を否定しているだけで，相手を理解しようとしていない。

　本当の白熱とは，相手の考えにもしっかりと耳を傾け，共感しながら聞くということである。

　だから，白熱した話し合いの後は，相手のよさを感じ取りながら互いに拍手し合ったり，相手の意見のよさを伝え合ったりすることができる。

　相手に対する思いやりの気持ちが育っていくようにすることが，白熱する話し合いの大事なポイントである。

　２学期は，子どもたちのコミュニケーションをとる姿を価値づけながら，互いに学び合おうとする意欲を高め，個と個の関係性を構築しながら，集団を成長させていくようにして，まとめの３学期につなげていく。

〈田井地　清〉

2学期　それぞれの豊かな表現をつくる

豊かな表現を生む
コミュニケーションゲーム

●子ども同士のつながりをより強いものにしよう
●授業の中にコミュニケーションゲームを取り入れよう

2学期のねらい

・学級の関係性を深め，より強い学びの絆づくりを促す
・授業とコミュニケーションゲームを関連づけ，より深い対話を生む

　1学期のコミュニケーションゲームの項では，「子ども同士があたたかくつながり合う空気感や教室の安心感をつくることを目指す」とした。そこで2学期は，その関係性の深まりを加速させ，より強い学びの絆づくりを目指す。

　学級の関係性を深める上で，会話のキャッチボールの絶対量を増やすことは必要不可欠だ。また，先に「コミュニケーションゲームの系統」（60ページ）で示した「会話」「対話」「議論」の3種類のゲームのうち，徐々に会話系ゲームから対話系ゲームへ，そして議論系ゲームへと比重を置いていくことで，自分から他者と関わり，話し合い，考え合う力が身についていくであろうと考える。

　ここでは，子ども同士の会話や対話，議論の場を生み出すために，授業の

中で行えるコミュニケーションゲームの例を紹介する。

対話系コミュニケーションゲームの例

❶「四字熟語でほめ言葉のシャワー」

【ゲームのねらい】

　国語科の「熟語の成り立ち」の学習の終盤に，学級の友達にぴったりの四字熟語を選んだりつくったりする活動を組むことで，熟語を使ったほめ言葉の語彙を増やし学び合う集団としての絆を強めることができるようにする。

【ゲームの流れ】

①熟語の構造や成り立ちについて，例を示しながら対話的に考え合い，整理した後で「四字熟語でほめ言葉のシャワー」を行うことを伝える。

②四字熟語とその意味が書かれたプリントを配付する。（教材サイト「ちびむすドリル」より「小学生用四字熟語一覧」がダウンロード可能）

③いずれかの四字熟語にぴったりだなと思う人を，学級の中から探す。

④「事実１つ＋意見１つ」を基本型に，ノートに友達へのほめ言葉を書く。その際，「意見」の部分に四字熟語を使うようにする。

〈ほめ言葉の例〉

・ディベートの準備の時のことです。〇〇さんは，友達や先生へのインタビューをくり返し，主張の根拠となる資料をたくさん集めていました。だからあなたは，「一生懸命」の言葉のように，物事に全力を尽くすことができる人ですね。

・体育のサッカーの時のことです。△△さんは，□□さんと息の合ったパスを回していました。「以心伝心」の言葉のように，言葉を使わなくても，お互いの気持ちを相手に伝えることができる人ですね。

⑤全員が書けたことを確認し，学級の友達へのほめ言葉を自由起立発表で言う。

⑥名前を言われた人は，席を立ってほめ言葉を聞くようにする。

⑦立って聞いていた人が，続けてほめ言葉を言うようにする。

⑧全員が発表できるまで行う。

⑨発展的に，四字熟語を自分たちでつくる活動を行う。学級の友達のイメージにぴったりの漢字をあてはめて四字熟語をつくり，友達に伝える。

⑩「コミュニケーション力の公式」を提示して内容面の充実にふれ，新しい言葉を「植林」したこと，相手軸に立ったぴったりの言葉を見つけたりつくったりしたことを価値づけ，全体でほめる。

【コミュニケーション力の公式】
コミュニケーション力＝（声＋内容＋態度）×相手軸

---

❷「なりきりインタビュー」

【ゲームのねらい】

文学的文章の学習において得た読みをインタビュー形式で友達と交流することで，好きな登場人物の人格を演じることを楽しみながら物語の読みを深め合うことができるようにする。

1人が登場人物になりきる

他の人がインタビューする

【ゲームの流れ】

①4〜5人のグループをつくる。

②自分が演じる登場人物を決める。全員が違っていてもよいし，同じになっていてもよい。

③「よろしくお願いします」のあいさつと拍手でインタビューを始める。

④質問される人は，登場人物になりきって（声をまねしたり，身振りを交え
　　たりして），３分間他の３人からの質問に答える。ただし，１人が連続し
　　てできる質問は２つまでとする。

〈やりとりの例〉

質問　　　　：どうしてあの時，銃をおろしたのですか。

大造じいさん：自分の命も危ないのに，救わねばならぬ仲間のことしか考え
　　　　　　　ない残雪の姿に，心を打たれておりました。

質問　　　　：もしも，あの時残雪を撃っていたら，今頃あなたは後悔して
　　　　　　　いたと思いますか。

大造じいさん：とても後悔していたと思います。

質問　　　　：それは，なぜですか。

大造じいさん：あいつの目には，人間も動物もなかった。仲間を救うことに
　　　　　　　必死じゃったからな。わしは卑怯な手を使った自分を情けな
　　　　　　　く思うじゃろう。

質問　　　　：あんなに毎年，準備してきて，残雪を倒す絶好のチャンスだ
　　　　　　　ったのですよ。あれでよかったのですか。

大造じいさん：あれでよかったのじゃ。ガンの頭領たる威厳をあそこまで見
　　　　　　　せられると，卑怯な手は使いたくない。また正々堂々と来年，
　　　　　　　戦うわい。

⑤質問の内容が物語の内容に即したものになっているかどうかを聞き分け，
　　必要に応じて指導する。

⑥３分間で終了。「ありがとうございました」のあいさつと拍手でインタビ
　　ューを終える。

⑦次の人に交代して，インタビューを再開する。

⑧登場人物の性格や心の変化など，読み深めたことについて身振り手振りを
　　織り交ぜて豊かに表現している子どもを紹介する。

〈西村　昌平〉

2学期　それぞれの豊かな表現をつくる

学級に応じたほめ言葉のシャワーの進化

●個の変容を全体に広げよう
●学級の実態に合わせた進化を促そう

2学期におけるほめ言葉のシャワーの指導

　1学期におけるほめ言葉のシャワーでは，友達をほめること，友達にほめられることを体験し，成功体験を積んでいくことが必要だ。2学期では，この1学期の体験をもとにさらなるステップを踏んでいく。守破離の「守」を徹底的に行いながら，ほめ言葉のシャワーがレベルアップする環境を整えていくのである。ほめ言葉のシャワーは，文字通りほめ言葉をシャワーのようにおくり合う。子どもたちが，日々の活動の中で友達のよいところ，がんばっているところを観察し，伝える。ほめ言葉をおくり合い，プラスの人間関係を築くための活動であるが，子どもたちの関係がマイナスに働かないための配慮は必要である。ほめ言葉のシャワーの活動に子どもたちがストレスなく取り組めるようにし，子どもたち一人ひとりが自分らしさを発揮できるほめ言葉になるようにレベルアップしていくよう促していく。

レベルアップを意識した活動を

　次は，昨年度担任した1年生の子どもたちのはじめの頃のほめ言葉のシャ

ワーの内容である。

> 「Aさんは，国語の時間に先生の話を目を合わせて聴いていてすごい
> と思いました」

　友達の行為から価値ある行動を見つけられるのだが，ほとんどの意見は，
「すごかったです」や「まねしたいと思いました」になっていた。相手をほ
めるための語彙が不足していたのだ。どうすごかったのか，なぜすごいと感
じるのかを言語化できていなかった。
　そこで，レベルアップを意識した指導として，次の2つが考えられる。
①語彙指導
②観察力を鍛える指導

❶語彙指導

①5分の1黒板におけるほめ言葉

　授業中，子どもたちの学習
の様子や活動の様子を見取り，
教師が黒板の左側の5分の1
の部分によいところを記述し
ていくのである。教師が子ど
もたちの行為を価値づけて，
言語化・可視化することで，
子どもたちの心に言葉を植林
していく。また，常に教師が
子どもたちの行動を美点凝視
で見続けることで，子どもた
ちには友達のよいところを見
つけようとする心が育ってい

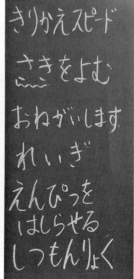

く。

②価値語指導

日々の生活の中での子どもたちの行動を写真に
撮り，価値語とともに子どもたちの目につくとこ
ろに掲示する。子どもたちは，価値ある行動と価
値語を常に見ることができ，行動と言葉をつなげ
られるようになってくる。

❷観察力を鍛える指導

「世界であなたしか見つけられなかった〇〇さ
んのよいところを伝えましょう」という教師の声
かけは大切だ。しかし最も大切なのは，日々のほ
め言葉のシャワーで子どもが友達の具体的な姿か
ら考えたほめ言葉を聞き，全体に広げることだ。

「Bさんの今の言葉は，〇〇さんをよく見ていたからこそ，気がつけたね」
や「今日，〇〇さんに教えてもらったCさんだからこそ，言えた言葉だね」
のように，子どもたちの実際の言葉からその行為がいかに価値のあるもの
を伝え，全体に広げるのが大事である。

①ノート指導

子どもたちは，1日を通してほめ言葉のシャワ
ーを受ける主人公の様子を観察する。1つ見つけ
て満足する子もいれば，もっとよい姿を，とじっ
くり観察を続ける子もいる。1つしか見つけられ
なかった子は，他の誰かと同じになってしまうこ

ともある。そのため，時間を見つけて「〇〇さんのほめ言葉をメモしておき
ましょう」という言葉を投げかける。

はじめは，授業中に時間を確保して書かせるが，だんだん5分休憩や自分

たちで時間を見つけて友達へのほめ言葉をメモする子どもが出てくる。たくさん見つけた子どもや寸暇を惜しんでメモしていた子どもを全体の場でほめることで，子どもたちにプラスの変容を促すのである。人と違う意見を見つけようとすることで，子どもたちの観察力も高まってくるであろう。

子どもの姿から学び続ける

> 「算数の時間のことです。Ｄさんは，自分の考えをノートに図を使って書いていました。図を使いながら説明してくれてとてもわかりやすかったです。Ｄさんはノートを宝箱のようにしていました」

　たくさんの価値語や友達のがんばりを見つけられる観察力等を獲得した子どもたちは，上記のようなほめ言葉を友達におくることができるようになる。
　ほめ言葉のシャワーでは，急激な変化は起きにくいし，急激な変化をつけようとすると，子どもたちはとてもストレスを感じるだろう。本来の目的を見失い，ほめ言葉のシャワーを成り立たせることが目的化してしまっては本末転倒である。
　３月の子どもたちの姿をイメージしながら，「守」のみに徹するのではなく，「破」が生まれる環境を整えたり，生まれた「破」を学級全体に広げたりすることがほめ言葉のシャワーをレベルアップさせる秘訣であろう。目の前の子どもたちの姿から，日々教師も学び続けていかなければならない。
　ほめ言葉のシャワーという活動は，学級文化そのものである。同じ活動を行っても，学級それぞれで中身は全く違うものになっていく。子どもたちの「今」をつかみ，実態に合った進化をとげられるように教師は支援，指導をしていく必要がある。ほめ言葉のシャワーは，あたたかい学級をつくるためのツールである。

〈大西　賢吾〉

2学期　それぞれの豊かな表現をつくる

「対話のある授業の流れ」のつくり方

●個人で考える力を育てよう
●対話の目的，価値を考えよう

個人で考える力を育てる

　コミュニケーションゲームやディベート指導でスピーチ力や質問力，反論力等を鍛えていく一方で，「対話のある授業」ではその基本的な形をつくっていく。ここでは，「対話のある授業」における学習活動を列挙しながら，それを成立させるための教師の言葉かけについて考える。以下，5年生の社会科で行った討論の授業（「日本はTPPに参加すべきである。賛成か，反対か」）を例として取りあげる。

❶個人で自分の立場を決める

　「自分の立場を決めましょう。賛成か反対か」
　「ノートにズバリと書きましょう。今の立場で決めます。どっちかにとりあえず決めるのです」
　「途中で変わってもかまいません。変わる人はそれだけ考えた人です」

　テーマの中の言葉でわからない言葉（「TPPとは何か？」等）を確認した

後，「賛成」の立場をとるか「反対」の立場をとるかを決めさせた。なかなか決められない子もいたが，「話し合いの途中で変わってもよい」ことを伝えるとひとまず自分の立場を決めることができた。基本的には納得解の学びなので，教師が「適当に決めよう」等と明るくふるまい「最初から正解でないといけない」という不安感を徐々に払拭していくことが必要である。

❷自分の立場を公表する

> 「黒板に自画像を貼りましょう」
> 「ノートに書いたところに貼ります。ひとりが美しい」
> 「同じ立場はチームです」

　慣れないうちは「仲のよい友達と集まる」といった気になる状況が生まれる。最初のうちはとりあえず認める（待つ）が，その上で次のような指導を行いながら「やめようね」とくぎをさすようにする。（本授業では）黒板にそのような人物の動きを簡単な絵にして示し，そのような人は「人と意見を区別できない」「それだけ幼い人である」「全員で考え合う教室にはふさわしくない」といった話をした。

❸理由を箇条書きで書く

> 「立場を決めた後，先生は何と聞くでしょう」
> 「理由を考えることが大切です。理由に自分らしさが出ます」
> 「理由を箇条書きで３つ書きましょう。制限時間は５分間です」
> 「一文一義で書きます。スピードを上げます」
> 「書けた人は，ノートを持ってきましょう」
> 「○がついた人は時間いっぱい書きましょう」

ここでは次の行動を考えさせたり，「理由＝自分らしさ」であることを伝えたりしながら能動的な学習態度を育てていく。また，「5分で3つ書く」という形で具体的な数値目標を示したり，教師が全員のノートに○をつけたりすることで，子どもたちの学習意欲を高め，「対話のある授業」への参加意欲を高めていくようにする。

対話の目的，価値を考えさせる

❶（自由に立ち歩いて）同じ立場の者同士で対話する

「同じ立場の人とグループになります」
「対話のために自分から動ける人になりましょう」
「友達から『ありがとう』と言われる人になりましょう」
「書いた理由を読み合って話し合いをします」
「否定しない話し合いができるようになりましょう」
「誰とでも話し合うことのできる大人になりましょう」
「なぜ同じグループの人と話し合いをするのでしょうか」
「意味，目的に沿った行動を最優先にするのです」

　「対話のある授業」では，実際に対話を体験させながら，具体的な「話し合いの仕方」を理解させたい。そのために，本授業では「同じ立場の人とグループになる」「書いた理由を読み合う」といった具体的な活動の進め方に加えて，「自分から動く」「否定しない」「誰とでも話し合う」といった具体的な態度について伝えていった。さらに，「なぜ同じグループの人と話し合うのか」といったことを問いかけることで，子どもたち自身に一つひとつの活動の目的，価値について考えさせることも大切にした。

❷（自由に立ち歩いて）違う立場の者同士で対話する

> 「相手の理由に反論しましょう」
> 「反論がないということは認めたということです」
> 「『質問→反論』『引用→反論』という対話の仕方をしましょう」
> 「反論されて喜べる人になりましょう」
> 「Win-Win-Win の関係を目指しましょう」

　ここでも，実際に話し合いを体験させながら対話
の目的，価値について考えさせた。そもそも対話が
「新たな気づき・発見」「自分の変容」を促すもので
あることをくり返し伝えながら，「勝ち負けのその
先」を目指すことを促した。例えば，（ケースバイ
ケースが前提だが）明らかに根拠がおかしいのに立場を変わろうとしない子
がいた際に，「人と意見を区別する」という考え方を示しながら，「潔く変わ
ること」の価値を伝えていった。また，笑顔で対話している子を取りあげ，
その「余裕」や「相手や場，先を読む力」を評価していった。

❸振り返りを行う

> 「感想をノートに書きましょう。新しい発見がある人が成長している
> のです」

　最後に感想を書かせ，子ども自身があらためて「対話のある授業」を価値
づけられるようにした。そうすることで，TPP問題についての理解を深め
ながら対話そのものの価値にも目を向けられるようになった。　〈中國　達彬〉

【参考文献】
・菊池省三・菊池道場著『１年間を見通した白熱する教室のつくり方』中村堂

2学期　それぞれの豊かな表現をつくる

言葉を手がかりに物語の人物像に迫る授業

●言葉の使い方や表現の工夫にこだわろう
●対話によって解釈の違いを共有させ「新しい発見」を楽しもう

人物像を捉えさせることのねらい

・言葉の使い方や表現の工夫を味わい，作品がもつおもしろさに気づかせる
・解釈を共有したり，その違いを楽しませたりする
・目的をもって「自由な立ち歩き学習」ができるようにする

　2学期になると，子どもたちの関係性が深くなり始める。学びを深めることで仲間意識を高めていきたい。そこで，意見の違いを議論し新たな発見を楽しむ場をつくるために，対話場面を効果的に仕組むことを心がける。

　物語の学習では，出来事との関わりを通して中心人物の変容を手がかりに読みを進める。作品冒頭，独特な言葉の使い方，表現の工夫に着目させることで，読み手として作品に思いを寄せることができるように工夫する。

　その際，子どもたちが目的をもって表現の工夫に着目できるようにすることが大切である。子どもたちは，紳士の様子を表す言葉や会話の内容，その表現から，思い思いの紳士像をえがく。その時，対話を通して解釈の違いに

気づくことで，あらためて言葉の使い方や表現の目的を探ることになる。つまり，個人の読みの段階から，新たな見方や解釈の方法を学ぶ段階になるのである。

課題「プロファイリング　2人の紳士」

　それでは，具体的に授業場面での対話の在り方について紹介する。

　「注文の多い料理店」を読み，物語の設定を確認した後，次のように進めていく。

①課題を提示する

②教科書を音読する

③自分の考えをノートに書く

④「自由な立ち歩き」によって，解釈を紹介する

⑤チームをつくり人物像としてまとめる（レポート）

❶対話の効果を高めるために

　音読に入る前に，大切なポイントがある。それは，活動の見通しをもたせること，人物像に迫る目的を子どもたちに説明することである。

　対話だけでは，一人ひとりの思考の変容や過程が残らない。

　そこで前もって「レポート」作成を指示する。「一人ひとりがもち寄った小さな言葉の手がかりを，クラスみんなで集めれば読み解く大きなヒントや新しい発見になる」と，意欲づけをするとともに，思い思いの表現を引き出し，記録として残すのである。

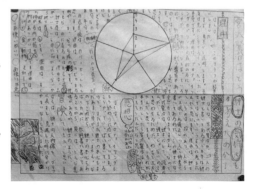

「個人の読書」から話し合いを通して「新たな発見」へと，学びの価値を深めることで，子どもたちはそのために必要な「読みの視点」をもったり，自分と友達の考えを比べてみたいという，対話のための目的をもったりできるのである。

❷「ペアやグループ」でキーワードを交流

　読む時には線を引きながら読ませる。音読の後に，ペアやグループで線を引いた「言葉」「文」とその理由を紹介し合うことで，書くことが苦手な子どもも，考え方や書き方のきっかけを知ることができるからである。

❸「自由な立ち歩き」で考えを交流

　全員が話し合いに参加できるようにするために，まずはノートに意見を書く時間をとる。なかなか書けない子どもにも「じっくり考えたら時間もかかるね」と，安心できるように声をかける。また「友達がこの言葉に線を引いていたよ。君ならどんなことを想像するかな」「もしこの言葉がなかったらどうかな」など，イメージができるような声かけも行う。

　次に「では，書いた人は立ちましょう。この人の考えを聞いてみたいなという人と一緒に話をしましょう」と指示をする。

　最初は思い思いの相手と話をしている。友達がどんなことを書いたのか，自分が書いたことは友達と比べてどうなのか，確認しているのである。

　続いて「では３人のチームをつくります。２人の紳士は一体どんな人なのか，具体的にまとめます」と課題を与える。その際，本文から根拠をもち寄り，理由をしっかり話し合わせたい。

　そこで，「聴いていた友達に思わず『なるほど』と思わせたチームは，読みが深く説明上手ですよね」と声をかけ意欲を高める。

最後に，全体で交流する。「では，成果を発表したいというチームからお話ししてください」と，読み取りを交流し内容ごとにまとめていく。

「自由な立ち歩き」の活用と効果

　「自由な立ち歩き」は，ややもするとただのおしゃべりになってしまうことがある。日頃から教師による言葉かけ，特に，学び方に対しての「価値づけ」が重要となる。

　子どもの主体性は，自ら課題をもちそれを解決しようとする中で育まれる。そのため単に正解を求めるだけでなく「いろいろな見方にふれる」「違いにこだわる」「考えを吟味する」「友達の考えのよさに気づく」「ダイナミックに学びを広げ

る」等，主体的な学びへの価値づけが必要である。そうすることで「自由な立ち歩き」がもつ，次のような効果を引き出すことができる。
①意見を共有し違いにふれる
②「新しい発見」を楽しむ
③目的意識に合わせて，自ら相手を選んで話をする
④ペアやグループのように固定化された関係を変えることができる
⑤身体を動かすことで気持ちや雰囲気に変化を入れる

対話によって豊かな表現にふれる学習を

　今回は対話によって読み取りの違いに気づき，お互いが納得できるように話し合う活動を紹介した。自分では気づかなかった表現や言葉の解釈にふれることで，自分の考えを見直し新しい読み取り方を学ぶことができる。

〈藤澤　稔〉

2学期　それぞれの豊かな表現をつくる

2学期の学年に応じた
スピーチ指導の進め方

●友達とのつながりを広げよう
●楽しいスピーチでクラスを盛りあげよう

2学期のスピーチ指導のねらい

　2学期は，1学期で育んだ友達との関係をますます深める時期だ。そして，学級全体がスピーチを通して盛りあがって成長していく時期でもある。そのための視点とポイントを，紹介していくことにする。

低学年の実践例

　「夏休みの思い出を，実物を使ってスピーチしよう」という活動を紹介する。

　夏休み明けの2学期。多くの学級で「夏休みの思い出」を絵日記にする宿題を出しているのではないだろうか。これをスピーチ活動に使うのだ。

　約束事は，「実物をみんなに見せながら話をする」「時間は1分間」。

　こういう活動は，できるだけはやい時期にやりたいものだ。2学期の始業式の日に告知して，翌日までにスピーチ原稿を準備する宿題を課してもよいだろう。時間もできるだけ短く1分間とすることにより，子どもの負担も減らせる上，30人学級でも45分間で活動と評価を終えることができる。ただし，

時間設定は臨機応変に設定してほしい。また，グループ（班）での活動も考えられる。

　この活動のねらいは，普段のスピーチや発表では，準備した原稿やメモを見がちな子どもでも，実物を見せながら話をしなくてはならないので，原稿やメモを見ることができなくなる点にある。そうすることで，「聞き手を見る」「ジェスチャーを加える」「話し言葉で話す」といった工夫が生まれて，伝える力を伸ばすことができる。

　教師の視点としては，はじめからあれこれポイントを伝えるのではなく，「実物を見せながら」という約束のみを伝えて，どんどんやらせてみることである。その中で，「聞き手を見る」「ジェスチャーを加える」「話し言葉で話す」「笑顔で伝える」……といったポイントができている子どもをほめていき，モデルとしていくのである。

　ほめられた子どもたちは「またスピーチしたい」と大はしゃぎでおねだりしてくるはずである。

■ 中学年の実践例

　「ビブリオバトルで本の紹介をしよう」という活動を紹介する。

　多くの学校では，秋頃に読書週間が組まれているのではないだろうか。それは，本を読む子もいればあまり読まない子もいるので，できるだけ多くの子どもたちにたくさん本を読んでほしいからであろう。

約束事は，「自分の好きな本を見せながらクラスの友達に紹介する」「時間は3分間」。

　私は毎週1回ある，図書の時間を活用してビブリオバトルを実践した。本の紹介者を4〜5人ずつあらかじめ選んでおく。そして，紹介者の本の中から，自分が読みたくなった本を選ぶのだ。

　この活動のねらいは，どうすれば聞き手に自分の本のおもしろさが伝わるのかを考えることができる点にある。さらに，「読書は好きだが，人前で話をするのは苦手だ」という子どもにとっても，スピーチをするきっかけとなりやすい点も魅力的である。

　まずは3分間でやらせてみることである。そうしているうちに「メモを準備して紹介する」「おもしろい場面を切り取って紹介する」「登場人物とストーリーの山場を紹介する」といった工夫が出てくる。教師はそれを広げて，子どもたちの評価の視点に加えさせたり，次回の紹介者へのポイントにしたりできる。

　また，選ばれた本はチャンプ本として，学級に写真を掲示し，実際に読んだ子どもから紹介者へ感謝状を贈らせた。そうすることで，読書量を増やすと同時に，子ども同士をつなぐこともできる“一石二鳥”な活動となる。

高学年の実践例

「○年○組のよい
ところを紹介しよ
う」という活動を紹
介する。

子ども同士の関係
を深めるため，自分
のクラスのよさを自
覚し，「クラスのた
めに自分は何をして
いるのか」という視
点をもって過ごして

もらいたい。そういう願いもこめた活動である。

約束事は，「クラスの友達とやりとりしながら」。

これは，事前にある程度，教師がお手本を示してあげる必要があるだろう。
例えば「○○さん，立ってください。○○さんは○年○組のよいところはど
んなところだと思いますか」と意見を求めたり，「私は○○が好きですが，
○○さんは好きですか」と問いかけたりする。また，「みなさん，私の好き
な言葉は次のうちどれでしょうか」などのクイズを出したり，スピーチの終
わりに「○○さん，私のスピーチはどんな内容だったか3つ言ってみてくだ
さい」と無茶ぶりしたりする。

こうしたやりとりのあるスピーチを経験することで，子どもたちは確実に
つながっていく。話すスキルが向上していくと聞き手も育っていく。無茶ぶ
りを経験するとぼんやりと聞いてはいられなくなる。

そういった聞き手を意識した話し方，相手に伝わる話し方ができるように
なると，クラスに自然と笑顔や拍手があふれてくる。　　　　　〈岩下　学〉

2学期　それぞれの豊かな表現をつくる

2学期のゴールイメージをもって取り組む学級ディベート

●ルールのある対話・話し合いを体験しよう
●主体的・対話的で深い学びの実現を目指そう

2学期のゴールイメージをもとう

　2学期に学級ディベートに取り組む上で，子どもたちに育みたい姿は，次の2つである。

①相手にわかりやすく伝えようとする姿（話す力）
②相手の意見を聞いて考えようとする姿（聞く力）（思考力）

　①の話す力は，学級ディベートの立論部分で鍛えることができる。学級ディベートは，2つの立場に分かれて，主張し合い，その討論に審判が判定を下す話し合いである。そのため，賛成側（肯定側），反対側（否定側）ともに，立論で審判にどれだけわかりやすく説得力のある根拠を示すことができるかが重要である。

　②の聞く力は，学級ディベート全体を通して鍛えることができる。学級ディベートでは，相手の主張を引用して質問したり，反論したりする。そのため，相手の主張をよく聞いてメモをとるなど，次への準備が必要となる。

　学級ディベートは，審判を説得する討論ゲームである。そのため，審判は

両者の主張を客観的な立場に立って聞き，討論を総合的に見て，判定を下すこととなる。

　この２つの姿は，「個の確立した集団を育てる」という学級ディベートの目標を体現した姿である。以上のようなゴールイメージを明確にもちながら，学級ディベートを子どもたちに楽しく経験させることが大切である。もちろん，この時に子どもたちに失敗感を与えないための教師の支援が大切であるのはいうまでもない。

学級ディベートの実際

　学級ディベートをはじめて経験する場合は，反論することの難しさを取り除いた形で行う「立論型ディベート」が有効である。「立論型ディベート」の試合の流れは，以下の通りである。

【立論型ディベートの試合の流れ】
①賛成側（肯定側）立論：１分→※作戦タイム30秒
②反対側（否定側）質問：１分
③反対側（否定側）立論：１分→※作戦タイム30秒
④賛成側（肯定側）質問：１分
判定

　論題は「５年４組では，宿題をやめて自学にすべきである」と設定した。
　論題が決まったら，言葉の定義を子どもたちと共有する。この場合，「宿題とは，教師が内容，範囲を指定して子どもたちが取り組むもの」「自学とは，子どもたち一人ひとりが課題を設定し，内容や範囲は自分で決めて取り組むもの」とした。
　まず，賛成側と反対側の主張を個人でノートに書き出す。次に，グループでノートに書いた考えを読み比べる。そして，最も説得力のある主張を賛成

側・反対側の主張として，１つずつ選ぶ。選んだ主張の説得力を高めるために，「三角ロジック」を用いる。「三角ロジック」とは，筋の通った主張をつくる論理的思考力の基礎となる考え方である。かみ合った議論を行うためには，「結論」「データ」「理由づけ」の３つで議論を組み立てることが大切である。その際，図書室の本やタブレットPCなどを活用し，データ集めと理由づくりの準備時間を確保する。この際，主張を可視化する方が相手に伝わりやすいことを伝え，紙にグラフをかいたり，キーワードをまとめて書いたりすることも認めた。

　また，それぞれのグループの立論を公開し合うことにした。それは，相手の立論を知ることで，どのような質問をするか，また逆にどのような質問をしてきそうか予想することで，学級ディベートの準備とはどういうものかイメージをもたせたいと考えたからである。実際に行った学級ディベートの様子は，次の通りである。

①賛成側立論（１分）

【主張】量を調整することができ，自分の力を伸ばすことができる

【理由】・忙しい時に量を調整しながら学ぶことができる。

　　　　・習い事の宿題が多い時や帰りが遅くなった時，自分で量を調整できる。

②反対側質問（１分）

反対側Q：量を調整するということに質問ですが，学習する量を減らすと，学力がつかないんじゃないですか。

賛成側A：忙しくない時に自分に学力がつくように，できなかった時の分もすれば，大丈夫です。

③反対側立論（１分）

【主張】みんなで同じことをしないから，授業のペースがばらばらになる

【理由】・自学はやることが決まっていないから，何をすればよいのかわからない。宿題はやることが決まっているから，何をすればよいのかがわかる。

・授業のペースがばらばらになると，一人ひとりの力に差が生まれて
　しまう。一人ひとりの学習するテーマが違うので，力のつくところ
　が違ってくる。

④賛成側質問（1分）

賛成側Q：授業のペースがばらばらになってしまうと言っていましたが，自
　　　　学は自主勉強で，授業はみんなでやっているので，授業は少しず
　　　　つ進んでいくんじゃないですか。

反対側A：自学しているところが一人ひとり違うので，算数の復習をする人
　　　　は算数の力だけが伸びて，国語の復習をする人は国語の力だけが
　　　　伸びます。

　このような展開で，学級ディベートが行われた。結果は，賛成側の主張の
方に説得力があったこと，賛成側の質問の時に，質問内容と反対側の回答が
かみ合っていなかったことから，賛成側の勝利となった。

豊かなコミュニケーション力を身につける

　学級ディベートの質問場面では，子どもたちが楽しそうに，そして真剣に
やりとりする姿が見られた。学級ディベートの経験を積む度に，即興的なコ
ミュニケーション力の高まりが感じられた。質問のやりとりには，両者とも
台本は用意されておらず，その場で尋ねられたことに対応していくからであ
る。日常生活は台本のない即興的なやりとりがほとんどである。そこで求め
られる力が，豊かなコミュニケーション力である。学級ディベートを経験す
ることで，子どもたちはこれからの時代を生きていく上で必要なコミュニケ
ーション力を身につけることができるのである。

〈南山　拓也〉

3学期　価値ある言葉があふれるクラスにする

コミュニケーションの質を高める価値語

> ●価値語を自分の生き方に結びつけよう
> ●自ら価値語を生み出しコミュニケーションを豊かにしよう

自分のコミュニケーションスタイルをつくる

　3学期の価値語指導は，次のようなねらいをもって取り組むことが大切だ。

> ・自分と向き合い，対話できるコミュニケーション力を育てる
> ・他者とのコミュニケーションを通して自分を知る

　2学期までに価値語によって変容してきた子どもたちは，すでに自ら学び成長し続けるアクティブラーナーとしての素地を身につけてきている。そこで，3学期は価値語の意味を自ら解釈して行動したり，新たな価値語を生み出したりできるかが成長のカギとなってくる。これまでの価値語指導によってすでに望ましいコミュニケーションの在り方や関係性を意識して行動できるようになっている子どもたちが増えている時期だが，より一層，発達段階に応じた個の確立に重点を置いた指導を心がけたい。

　そのために，価値語を核として「自己コミュニケーション」と「他者コミュニケーション」の指導していく。自己コミュニケーションでは「自分はどうするか？　どうしたいか？」という自問自答を通して，価値判断の広がり

や深まりを促していく。他者コミュニケーションでは「お互いがより成長するには？　公の場にふさわしい行動とは？」という視点で，自分の言動を選択することができるようにしていく。

　つまり，価値語を核として一人ひとりが自分のコミュニケーションスタイルを発見し，アクティブラーナーとして自立していくことを目指すのである。

自己コミュニケーション力で生き方に迫る

　3学期は学級の共通言語として使われてきた価値語を振り返ったり，自分が目指したい価値語を考えさせたりしてきた。それは，自己と対話し，自らの生き方に迫るような自己コミュニケーション力を伸ばす時期と捉えたからだ。この時期に行った指導の一例を紹介する。

　私は1年間，「生き方を考え続ける」をテーマに各教科のカリキュラム・マネジメントを行った。例えば，国語科で「プロフェッショナルたち」（東京書籍6年）の授業を行った際には，総合的な学習の時間と関連させ様々な職業のゲストティーチャーを招いてキャリア講演をしてもらった。子どもたちは，国語科で本文の読みを通してプロフェッショナルの生き方を学び，総合的な学習の時間のキャリア講演でゲストティーチャーの生き方にふれた。それらの学びをまとめて自分の生き方を考える際に「自分が目指す生き方を価値語で表すと？」と問いかけ，自分と真剣に向き合うことができるようにした。

　このように，生き方に迫る問いを各教科の授業やその他の活動，学校行事などのあらゆる場面で投げかけていくことで，子どもたちが自分と対話し価値語を生み出せるような，自己コミュニケーション力を育てて

これらのことから私は，どんなに苦しくてもあきらめない，色々な人たちを笑顔にして，幸せにできるような生き方をしたいと思うようになりました。そして，私が生き方を考え続けるのは，私が大人になって，私が思い描く，プロフェッショナルのようになれるためだと思います。これからも生き方を考え続けていきたいです。

きた。

　当時，私が担任した6年生にある女の子がいた。天真爛漫で努力家だけれ
ども，どこか自信のなさがある子だった。彼女はたくさんの価値語を吸収し
て成長してきたが，人一倍自分の生き方に思い悩み，自問自答をくり返して
きた子でもあった。その子からの手紙に彼女の自己コミュニケーションの軌
跡が見て取れたので一部抜粋して紹介する。

　生き方を考える時には「生き方って？」「なんで今なの？」と思って
いましたが，今はそんな簡単なこと言える！と思います。先生のおかげ
で自分の生き方を見つけられ，中学，高校，大学と生き方を見失わない
ようにがんばっていきたいと思います。（中略）先生と過ごした時間，
思い出は絶対忘れません（価値語も）。私は，世界中の誰よりも幸せ者
だと思います。

　彼女は価値語によって自己コミュニケーション力を伸ばすことができたの
だろうと推察できる。自問自答する中で自己の在り方に迫った彼女のように，
言葉が豊かになることで自分と対話する力も伸びるのである。

他者とのコミュニケーションが個に還る

　3学期は学級集団の成長が個に還っていく時期でもある。価値語によって
学級のコミュニケーション力が高まってくるにつれて，自己コミュニケーシ
ョン力も高まる。集団が個を成長させていくのである。一方で，個の成長が
学級全体の伸びにつながることもある。自己コミュニケーション力と他者コ
ミュニケーション力は表裏一体なのだ。

　この時期には「お互いがより成長するには？　公の場にふさわしい行動と
は？」という視点で，価値語を軸に自分の言動を選択することができるよう
にしていく。一人ひとりが自分のコミュニケーションに自覚的になることで，

他者とのやりとりがより豊かになることを体感させたい。

　この時期，子どもたちの話し合いの中では，多くの価値語がやりとりされる。学級の共通言語としての価値語が体温をもって機能するのである。

　例えば，「けじめ・感謝・恩返し」をテーマに卒業プロジェクトを企画する話し合いがあった。

　「凡事徹底を目指すなら，毎日できることをやるべきです」

　「掃除は学校をきれいにするだけでなく，心の掃除も必要だと思います」

　「学校はもうひとつの家だから……」

　「校風を創るということは……」

などと，学級にあった価値語が使われるだけでなく，その場で新たな価値を見出しながら言葉を編み出していく。

　この創造現象は，他者とのコミュニケーションにより自分の中にある知識や体験が結びつき，新たな自分の考えに気づくという価値語の作用がきっかけとなっている。つまり，他者とのコミュニケーションで言葉が育つにつれて思考の輪郭がはっきりし，自分の在り方に気づいていくのである。

コミュニケーションスタイルを磨き続ける

　これまで述べてきたように，自分と向き合い生き方に迫る「自己コミュニケーション力」と集団の中で新たな自分に気づく「他者コミュニケーション力」が相乗的に作用していくことで，子どもたちは自分自身のコミュニケーションスタイルを確立していく。その根幹にあるのが価値語であり，自らのスタイルを磨き続けられるように導いていくことが3学期の価値語指導に求められるのである。

〈荒井　隆聡〉

3学期　価値ある言葉があふれるクラスにする

学びの質を高める価値語

●価値語をもとに，学び方を身につけさせよう
●子ども中心の学びを価値づけよう

3学期の「価値語指導」の在り方

　価値語を用いて1学期には学習規律のための指導（学級づくり的な指導）を，2学期には話し合いのための指導（授業づくりに必要な学級の土台をつくるための指導）を行う。そして3学期には，話し合いそのものを深めていくための指導（授業づくり的な指導）を行っていく。

　話し合いそのものを深めていくための指導とは，因果関係や引用，意見の比較を具体的に示したり，下調べの仕方や意見のつくり方，発表の仕方などをレベルアップさせたりすることである。そのような指導を積み上げていくことで話し合いの質が高まり，子どもたち自身の力で学びを深めていけるようになっていく。教師はファシリテーターに徹し，より子ども中心の授業へと移り変わっていけるようにする。

根拠を明確に示した話し合い

　論理的な意見を言ったり，その意見に質問や反論をしながら考えを深めていったりするためには，根拠を示しながら話し合いを進めていく必要がある。

教科書のどこに，どのようなことが書かれているのかを示したり，資料集や本などを使って情報を集めたり，わからない言葉や専門用語を辞書で調べたりすることを身につけさせていく。

【根拠を示す】【引用力】などの価値語を示したり，「根拠のない主張は無責任です」「使えるものは何でも使おう」などと声をかけたりしながら，子どもたちに調べる習慣や根拠を示した話し合いの進め方を根づかせていく。

終わりなき話し合い

子どもたちの意見は実に多彩である。そして，同じ立場であっても根拠が異なっていたり説明の仕方が違っていたりする。1つの意見の様々な根拠にふれることで，その意見に対する信憑性が増していく。また，順序立てて話したり図を使ったりと，わかりやすい説明の仕方は聞

く側の子どもによって様々である。だからこそ，1つの意見が出された時に，「いいです」「同じです」のひと言で終わらせてしまうのでは，全員の理解が深まっていかない。

大事にしたいのは【納得解】【なぜ思考】である。「考え続ける人間になろう」「わかったつもりではなく，説明できるレベルを目指そう」と声をかけ

ながら話し合いを促していく。一人ひとりが納得するまで，なぜ？どうして？と自問自答し，互いにその疑問をぶつけ合いながら学びを深めていく。

右の写真は3学期に「自分にとって5年2組は，どのような学級だったか」というテーマで振り返りを行った際に，黒板に書かれた言葉の一部である。1年を見通した価値語指導をもとに，話し合いの指導を積み重ねてきた成果が表れている言葉であると感じる。

授業外への学びの拡大

3学期は学習のまとめの時期である。学級全員が該当学年の学習内容をしっかりと理解できるように，朝勉道場という活動を行った。

・国語，社会，算数，理科の4つの道場を設け，各教科が得意な人が道場長になる。
・朝，登校したら道場長のところに行き，前日に行った家庭学習でわからなかった部分を質問したり，勉強の仕方についてアドバイスをもらったりする。

本学級には【自分の学力に責任をもつ】という価値語がある。年度末だからこそ重要視したい価値語である。自主学習は本来，学習内容を自分で決め，自由に行うものである。しかし，簡単な内容ですませたり，苦手教科の克服に気が向かなかったりすることも少なくない。

朝勉道場を始めたことで，「周囲の友達もがんばっているから自分もがんばろう」と思えるようになったり，「大事な言葉の意味を丁寧に調べて整理しないと正しく覚えられないよ」などと友達からアドバイスをもらったりすることで，学級全体の自主学習に対する意識や学びの質が高まっていった。

翌日までにわからない部分を整理し，友達のもとへ聞きに行くという目的意識をもつようになったことで，なんとなく問題をこなしたり既習内容を復習したりするだけの勉強から，自分にとって【価値ある学び】へと成長したのである。

　また，休み時間には授業で十分に理解しきれなかった部分をその教科が得意な友達に質問しに行ったり，互いに問題を出し合いながら復習したりする姿が見られるようになった。

　登校後や休み時間など，わずかな時間にも学びに向かおうとする姿が増え，しかもそれらがひとり学びではなく，みんなで学び合い，束になって伸びようとするものであり，子どもたちの自主性のもとに成り立っていることに大きな価値がある。

ダイナミックな学びを目指して

　3学期，1年間のまとめの時期だからこそ，学びをダイナミックなものにしていきたい。そして，そこに教師の姿はほとんどなく，子どもたちが自ら考え，話し合い，思考を深めていく姿があるべきである。そのためには，1年かけて子どもたちのコミュニケーション力を育てていく必要があり，その指導を行う上で価値語は欠かせない存在である。

〈後藤　航〉

3学期　価値ある言葉があふれるクラスにする

豊かでたしかな対話を生む
コミュニケーションゲーム

●一人ひとりがコミュニケーションに自信をもてる場を用意しよう
●課題を明確にして，探究的に学び続けよう

3学期のねらい

・一人ひとりに「豊かでたしかな対話力」を身につけさせる
・「考え続ける人間」を育てる

　2学期のコミュニケーションゲームの項では，ねらいを「関係性の深まりを加速させ，より強い学びの絆づくりを目指す」とした。3学期は，2学期までの集団での学びを個に還し，一人ひとりに豊かでたしかな対話力を定着させることをねらいとする。

　菊池氏は，コミュニケーションゲームの最終的なゴールを「自分から他者と関わり，話し合い，考え合う力を身につけること」「そういった話し合いの中で，お互いが成長し合う生活を目指そうという人間を育てること」としている。3学期は少しでも，このねらいに近づくことができるよう意識したい。そして，コミュニケーションゲームを通して，豊かでたしかな対話力のある「考え続ける人間」を育てよう。

豊かでたしかな対話を生むコミュニケーションゲームの例

❶「プレゼンバトル」

【ゲームのねらい】

　総合的な学習の時間における探究的な学びについて，「学習指導要領解説　総合的な学習の時間編」では，次の４つの「探究のプロセス」が示されている。

①課題の設定　②情報の収集　③整理・分析　④まとめ・表現

　このゲームでは，③の「整理・分析」を思考ツールで行い，④の「まとめ・表現」を「プレゼンバトル」で行う。情報の収集からその整理，内容の組み立て，プレゼンを全てひとりで行う。１対１の真剣勝負がくりひろげられるこのゲームは，ディベート同様のスリルや緊張感がある。友達のプレゼンテーションをみんなで聞き合うことで，情報や思いを伝えようとする力を競い合いながら伸ばすことができるようにする。

【ゲームの流れ】

①総合的な学習の時間で調べたことをプレゼンにまとめ，１対１で勝負する「プレゼンバトル」を行うことを子どもたちに伝える。（単元の例「外国の文化を調べよう」）

②対戦相手を教師が決める。（コミュニケーション力やスピーチ力が同等で，かつ日頃仲のよい気の合う２人組を対決させるようにする）

③図書室の本やインターネットを使った調べ学習の時間を数時間とる。

④調べたことを思考ツールに書いて整理し，それらを写真に撮って発表内容としてまとめる。

話し方の基本技術を振り返り，相手軸に立った，応答関係のあるプレゼンテーションづくりを意識させる。菊池氏は，話し方の基本技術を以下の10点で示す。

(1)目線を上げて話す

(2)短文で話す

(3)応答関係を入れて話す

(4)具体物を持って話す

(5)黒板などに書いて話す

(6)動きを入れて話す

(7)写真や絵や図表を使って話す

(8)明るく元気な声で話す

(9)ナンバリング・ラベリングを使って話す

(10)ユーモアを入れて話す

⑤１対１でのプレゼンバトルを行う。

⑥両者のプレゼンを聞き終わった後，「○○さんが勝ったと思う人？」「△△さんが勝ったと思う人？」と順に聞き，学級の全員で判定の挙手をする。

※勝敗がつくゲームなので，勝ち負けにこだわりすぎる子どもが出てくるこ

とを予想して，「ルール＆マナー」として次のような事項を子どもたちに
示すようにする。

・先攻と後攻はじゃんけんで決める。

・どちらが優れたプレゼンかは，コミュニケーション力で判定する。

・コミュニケーションの責任を果たす。

　（自分の番に全力をつくすこと，判定場面での説明責任等）

・人と意見を区別する。

　（仲良しだから，発言力が強い人だからといった安易な判定を防ぐ）

・試合が終わったら笑顔で握手をする。

・勝敗が全てではなく，コミュニケーション力の向上や，学級と個の成長が
目的である。

⑦勝敗が決まった後，判定の理由やプレゼンの工夫を，両者それぞれについ
て発表する。

⑧勝敗を決めた理由を交流する中で，内容面が充実していたか，態度面がす
ばらしかったかといったことを「コミュニケーション力の公式」をもとに
具体的に考え合う。

【コミュニケーション力の公式】

コミュニケーション力＝（声＋内容＋態度）×相手軸

---

⑨「成長ノート」に，「プレゼンバトルで成長したこと」をテーマに自分の
思いや感じたことを書き，学級で交流する。　　　　　　　　〈西村　昌平〉

3学期　価値ある言葉があふれるクラスにする

成長し合う集団に導くほめ言葉のシャワー

●ほめ言葉のシャワーのゴールをイメージしよう
●3学期は子ども同士で価値づけ合いができるようにしよう

ほめ言葉のシャワーのゴール

　3学期には，子どもたちはこのような言葉で友達をほめられるようになっている。

> ・○○くんは牛乳を残したけど，（牛乳パックを）ちゃんとハサミで切って（残した牛乳を）大きいおかず（食缶）の中に入れていました。だからみんなで話し合ったことをして成長に近づく人だと思いました。
> ・掃除の時です。ぼくの後ろに「いれて」と言っていました。あの時言っていなかったら，ぼくの足にほうきがぶつかっていました。だから相手軸だと思いました。

　一瞬を見逃さない観察力や価値語を使って友達をほめる力，正対し合ってほめ言葉を聴く力がしっかりとついている。このような力をつけるためには，教師がほめ言葉のシャワーのゴールイメージをもつことが不可欠であると考える。

> 「ほめ言葉のシャワー」は，1年間の見通しをもって，どんな姿に成
> 長させるかという，明確なゴールを教師がもつことが大切なのです。
>
> 菊池省三著『白熱する教室をつくる　Q&A55』中村堂

　菊池氏はこのように述べている。なぜ教師がゴールイメージをもつことが
大切なのか。それは，教師が具体的にゴールをイメージすれば，どのように
子どもたちと関わっていけばよいのかが明確になるからだと私は考える。

　例えば，価値語あふれるほめ言葉のシャワーにしようというゴールイメー
ジがあるとする。そのゴールイメージに近づけるためには，まずは教師が価
値語を使って積極的にほめるなど，具体的な手立てが考えられる。また，ゴー
ルをイメージしておくことで，ゴールイメージに近づいた子どもたちをほ
めて認めることができる。

　私もほめ言葉のシャワーのゴールイメージを固めるために，『個の確立し
た集団を育てる　ほめ言葉のシャワー　決定版』（中村堂）の付属DVDで，
何度も菊池学級のほめ言葉のシャワーを見た。

・自由起立でのすばやい発表

・一瞬を逃さない観察力

・価値語を使ってほめる

・正対して聞く

などたくさんのことのゴールをイメージすることができた。

　また，子どもたちと「ほめ言葉のシャワーをもっとよくするためにはどう
すればよいか」という話し合いをして，子ども同士でほめ言葉のシャワーの
ゴールイメージを共有させることも大切である。

　3学期はほめ言葉のシャワーのゴールを迎える時期である。自分自身や子
どもたちとイメージしたゴールに近づいているかどうかを常に振り返りなが

ら，ほめ言葉のシャワーを実践していくことがポイントである。

価値語あふれるほめ言葉のシャワーにするために

『小学校発！　一人ひとりが輝くほめ言葉のシャワー』（日本標準）では，菊池氏は3学期の語彙指導として，「価値語を積極的に使わせる指導」を掲げている。

　ほめる内容は，ほめる人がほめられる人を具体的に細かく観察しているかどうかによって決まります。

　ただ，「細かく観察しましょう」と呼びかけをしても効果はそれほどありません。「具体的にほめること」を「具体的に示す」ことが重要です。

菊池省三著『白熱する教室をつくる　Q&A55』中村堂

以上のようにも菊池氏は述べている。

私は価値語あふれるほめ言葉のシャワーにするために，毎月1回，クラス全員分のよいところを，価値語を使って学級通信に書き，子どもたちのよいところを伝えていった。

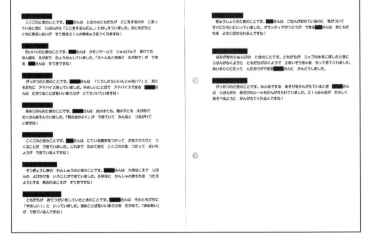

このように教師が具体的に示すことで，必ず具体的にほめられる子どもが
出てくる。そして，価値語を使ったことのよさや価値を伝えていくことで，
他の子どもたちも価値語を使えるようになっていくのである。
　また，3学期には以下のようにほめる子どもたちも出てきた。

　▲▲くんは，◆◆ちゃんの漢字ノートを見て，「花丸の数が同じだね」
と言っていました。だから，やさしいえがおであそべる21にんのがっき
ゅうに近づいていると思いました。

　「やさしいえがおであそべる21にんのがっきゅう」は，クラスの学級目標
である。「花丸の数が同じだね」と言った一瞬の出来事を見逃さない観察力
に加えて，それを"やさしい"や"えがお"と結びつけて価値づけることが
できている。

　こうした価値語は，学級全員が共有する文化です。価値語とは，単に
既存の言葉を指すだけでなく，子どもたちとともに創り出していくもの
でもあります。

菊池省三著『菊池省三の学級づくり方程式』小学館

　当時担任したクラスの，「やさしいえがおであそべる21にんのがっきゅう」
という学級目標も子どもたちとともに創り上げた価値語であるといえるだろ
う。ほめ言葉のシャワーには，「みんなで成長し合う」「ひとりも見捨てな
い」という願いが強くこめられていると私は感じている。ほめ合って強い関
係性を結びながら成長する。ほめ言葉のシャワーは，そんな大きなうねりを
起こすことができる力をもっている。
　3学期のほめ言葉のシャワーは，あなたの学級オリジナルのカラーが出て
いるはずである。その学級らしさを大切にして，ほめ言葉のシャワーのゴー
ルテープを切ってほしい。　　　　　　　　　　　　　　　　〈木村　直人〉

3学期　価値ある言葉があふれるクラスにする

自己の成長をつなぐ「対話のある授業」

●安定した流れの中で「対話のある授業」を展開しよう
●個の変容を重視した評価をしよう

安定した流れの中で「対話のある授業」を展開しよう

　次の実践は，4年生の道徳で行った討論の授業である。2017年11月～2018年2月に行われた「東京2020オリンピック・パラリンピックマスコット投票」を活用し，「国際理解」に関する授業の一環として実施した（参考：https://education.tokyo2020.org/jp/participate/programmes/tokyo-2020-mascots-voting/）。討論のテーマは「2020年の東京オリンピック・パラリンピックに1番ふさわしいマスコットキャラクターはどれか」である。授業の大まかな流れは次の通りである。

①テーマを理解させる
②立場を決めさせる
③理由を箇条書きで書かせる
④（自由に立ち歩いて）同じ立場の者同士で対話をさせる
⑤（自由に立ち歩いて）違う立場の者同士で対話をさせる
⑥振り返りを行う

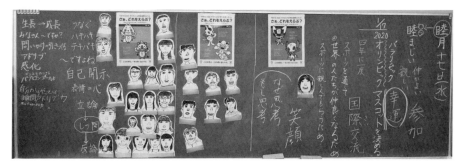

　①〜③では，まず企画の趣旨について説明した後，候補としてあげられている３組のキャラクターに関する資料を配付した。子どもたちは食い入るようにそれらを読むと，自分の立場を決めて，黒板に自画像を貼りに行った。自画像を貼り終えた子どもたちは，個人で理由を考え始める。わからない言葉は国語辞典を使って調べるなど，それぞれが討論に向けて準備を進めた。

　④〜⑤では，まずある程度理由を考えた子どもたちが，同じ立場の友達のところに行き，相談を始める。お互いに考えた理由を出し合いながら，より

よい意見をつくっていく。そして，教師の声かけとともに，「違う立場の者同士の対話」に移っていった。本時は45分間の授業だったため④の後すぐに⑤に移ったが，時間に余裕があれば④の後に「全体発表」を入れて，「意見を出し合う場」を設けるとよい。

　ディベートを経験しているため，⑤に入ると，子どもたちはまず「質問」を重ねる。相手の意見の明確ではない部分を明らかにしないと，議論をかみ合わせることができないということを学んでいるからである。質問の大切さやその目的をくり返し伝え，質問の技術を高めるトレーニングを重ねてくると，こうした討論の場で「なぜ〜と思うの？」「もし〜だったら……じゃないの？」「つまり〜ということ？」「〜についてもう少し詳しく教えて」といった言葉を使って，自然にお互いの考えを聞き合うことができるようになる。また，「人と意見を区別する」という価値語も受け入れられているため，反

論されても感情的に取り乱すことはなく，むしろ笑顔で楽しみながら対話を続けることができていた。「意見はつくり，育てるもの」「対話は新たな気づき・発見のために」こうした価値語があることで，子どもたちは対話すること，考え合うことを楽しんでいるようである。

　1年を通じて，こうした安定した対話の流れができてくると，子どもたちは安心して自分らしさを発揮しながら「対話のある授業」に参加することができるようになる。そのためにも，教師には，教室の中に「対話のある授業」の大まかな流れをつくり，それを価値語の指導やディベート指導，ほめ言葉のシャワーといった他の実践とつないでいくという意識が必要である。

個の変容を重視した評価をしよう

　次の文章は，先の授業の最後に書いた子どもたちの感想（一部）である。

【Aさん】

　4年生の最初の時は話すのが苦手でした。でも，今日討論がとても強い○○さんに挑んだ時に，自分から進んで言えました。たぶんそれはみんながこわい目をするのではなく，やさしい目をしてくれたからだと思います。

【Bさん】

　ぼくは□□さんと討論をしました。□□さんは討論が強いからどうなるんだろうと考えながらやっていました。でも，だいたい互角に討論ができたので，ぼくは成長したなと思いました。討論をやって，ぼくは「白熱するからこそおもしろいんだ。もっともっとやりたい」と思えてきました。□□さんとの討論は楽しかったです。またいろいろな人とやりたいです」

【Cさん】

　ぼくはみんなより（討論に）入るのが遅れてしまったから，みんなより成長できていないだろうけど，ぼくの中ではぼくは十分成長したと思いました。

「対話のある授業」では，こうした一人ひとりの振り返りを重視したい。特に，３学期は，１学期との比較を通して，一人ひとりがどのように成長したかに着目しながら教師が評価を加えていくことが大切である。例えば，Ａさんは，１学期に女の子同士の関係の築き方で悩んでいた子である。そのＡさんが，この時期には周囲との良好な関係に支えられて自分から発言できるようになっている。また，Ｂさんは他者から言い返されたり少し強い言い方をされたりするとすぐに涙目になってしまうことがあったが，３学期になるとそうした言葉も受け止められるだけの心の強さをもつことができるようになった。Ｃさんは，この時間，自分が納得するまでひとりで考え続けていた。Ｃさんは１学期に学校に行きたくない時期があり，そのことについて自分の中でも葛藤する時期があった子である。ここでも，自分のことをやや消極的に評価しているが，それに対して教師は，Ｃさんの「十分な準備をしてから話し合いに臨もうとする責任感」と「自分の頭でとことん考えようとする心の強さ」という部分で彼の成長を評価し，コメントを返している。

　３月に子どもたちに「なぜ白熱した話し合いができたのか」と尋ねてみたところ，多くの言葉が集まった。それらを一つひとつ見ていくと，知識や技能に関する言葉もたしかに見られるが，大部分は，自分自身または集団全体の「内面の成長」に関わる言葉だった。つまり，「対話のある授業」は個の内側の変容と深くつながっているのである。したがって，教師は，「対話のある授業」の中で，子ども同士をつなぎ，そして，子どもの過去と今，未来をつなごうとする意識をもつことが大切である。　　　　　　　〈中國　達彬〉

3学期　価値ある言葉があふれるクラスにする

対話によって見方・考え方を共有する算数の授業

●どんな場面・状況なのか，イメージさせよう
●図⇔言葉⇔式など，説明の工夫を交流しよう

イメージの違いが対話を導く

　算数科の学習は「解き方」ありきの学習になりがちである。特に3学期は，まとめの時期でもあるので，合理的に解法を教え込み，知識・技能として覚えさせることに偏ってしまうためである。しかし，算数科で育てたい力は，筋道を立てて考え問題を解決する力，物事を数学的に見たり処理したりする力，数学的な美しさや不思議さを感じる力など多岐にわたる。

　そこで，単に「解き方」を教え合うのではなく，自分が何を課題と捉えているのか，どんなことに困っているのか，どのように考えようとしたのか，これらを対話によってやりとりすることで，様々な力を育むようにしたい。

　その際，自然と対話場面が生まれるよう意見の「ずれ」を取りあげる。

　そこで，大切にしたい力が「イメージ力」である。問題場面をイメージすることで，次のようなことが共有できるからである。

「イメージ力」を育むことで
　・問題から場面が想像できる＝状況・条件・数・形，変化の様子がわかる

> →問題解決の際，自分は何に困っているのか，「問い」をもつ

■「比べ方を考えよう　割合」の単元を通して

　それでは，具体的に「割合」の授業場面を通して対話の在り方について紹介する。

❶イメージをえがかせる（課題：「ポッキーづくり」）

　割合は，「量」ではなく，2つの数量の「関係性」を数値化したものである。単位もつかないため子どもたちは難しさを感じる。そこで，比べている2つの数量をわかりやすく捉えさせるために，具体的なイメージをもたせる工夫が必要である。問題は「ポッキーをより長くつく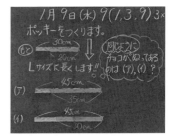る時，もとと同じようにチョコがぬってあるのはどちら」というものである。「長さ」を扱うことで，子どもたちもイメージしやすく，自然にいろいろなことをつぶやいたり，隣同士で相談したりすることができる。場面をイメージすることは，何を扱うのかを具体的に捉えることにつながる。苦手な子も，直感や感覚で自然と話し合いに参加することができるのである。

❷「立場」をもたせ，数理を引き出す

　形骸化された対話ではなく，子どもたちにとって必然性のある対話を仕組む。ひらめきや疑問を生み「話したい」「聴いてみたい」と思う場づくりが重要となる。「立場を決める」ことは，理由を引き出すことにつながる。「選択肢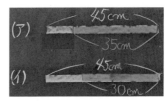を与える」ねらいは，次の3つである。

①得意ではない子も，図を使って
　直感で対話しやすい

②これまでに習った考え方を導き
　やすくなる

③条件を手がかりに，考えるきっかけをつくることができる

　はじめに，誤概念でもある差の見方を取りあげる。「チョコをぬるところ」
と「持ち手」の長さをどのように比べるのか，説明したり図に書き込んだり
することで互いに実感し，納得することができる。「この黄色いところは，
45−35になります。ここまでいいですか」と，対話が続く。

❸見方・考え方を共有する

　「ここまでいいですか」というやりとりは，
相手を意識した確認行為である。一方的に話す
のではなく，友達にも理解してもらえるよう
「win-winな関係」を目指すためである。また
内容ごとに整理しながら話す力も向上する。

　次に反対の立場の意見を吟味する。

①「持ち手」の長さが変わっていないのはおか
　しい

②分数で表すと，関係性が３分の２になってい
　ない

③長さの関係が1.5倍になっている

　ここで大切なことは，これら３つの意見は
「見方・考え方」であって，問題の解き方では
ないということである。子どもたちは，長さの

関係を分数や計算で示すなど，表現を多様化させている。こうなると自分が
考えもしなかったことが立場を超えて気になる。互いに考えを言い合ったり
聴きに行ったりと，立ち歩いての自由対話が始まるのである。

問いをもっての活動になるので，小集団による話し合いも起こりやすい。

　小集団では，それぞれの立場に分かれてのディベート的なやりとりも見ることができる。それぞれの考え方が理解できると，今度は互いの妥当性を主張する。この過程で，子どもたちは図を用いて説明したり別の式を考えたりする。友達により詳しく説明することで理解が深まり，表現方法も多様化していく。対話により多面的な見方にふれ，考えが整理されていくのである。

算数科での対話・話し合い

　算数科での対話・話し合いでは次のような点が大切である。

①イメージによる【ずれ】について，根拠をもとに対話する

②数学的な【事実】（数の構成，式のきまり，図形の性質など）を確認する

③あげられた見方・考え方の【妥当性】を吟味する

④課題解決のための【方法】を探る

⑤様々な意見をお互いに【解釈】する

　友達にも納得してもらいたいと思う子どもは，自ら具体例を示したり条件を仮定して話したりと，思考にともなう表現も柔軟で豊かなものになる。正解を出し合うばかりではなく，対話により広がる見方・考え方を育てたい。

〈藤澤　稔〉

3学期　価値ある言葉があふれるクラスにする

自分や学級の成長を実感するスピーチ

●堂々と自分らしさを表現しよう
●自分の成長を言葉と態度で伝えよう

3学期のスピーチ指導のねらい

　いよいよ3学期，まとめの時期。スピーチすることを通して，じっくりと内省し，自分自身の成長や思いを，「実感を伴う言葉」にして表現していくことが大切である。

　・スピーチを聞き合い，気づきや感想を伝え合って成長を実感させる
　・スピーチする内容だけでなく，相手に見せる自分の姿を意識させる

　「人間は，言葉をもとにして思考していくのだから言葉が育てば，心が育つ，人が育つ」のである。

　3学期は，先生や友達と過ごした1年間を振り返ったり，進級や進学に向けて，新たな目標を見出したりする時期である。こうした節目の時だからこそ，子どもが自分自身を見つめ，自分自身と対話し，自分の中に根づいた価値ある言葉を紡ぎ出していくスピーチ活動は，心をぐんと成長させる活動になるだろう。また，スピーチをする友達の言葉や姿は，それを見たり聞いたりしている子どもに新たな気づきや刺激を与えることがある。教師は，スピ

ーチする子ども，そして，それを聞いたり見たりしている子どもの両方を成長させることを意識して指導を進めたい。

中学年のスピーチ指導

　3学期は，次学年への成長を促す時期にしたい。そこで，スピーチ指導では，「4つのかたまり」で話すことに取り組む。「4つのかたまり」とは，「はじめ」「なか」「まとめ」「むすび」のことである。この話し方ができるようになると，少し長いスピーチに挑戦しようという意識が芽生える。友達の前で，長いスピーチを成功させることで人前で話すことに自信がつく。テーマを工夫し，聞きごたえのあるスピーチ活動を進めたい。

【例：朝の会「夢を語ろう」を4つのかたまりで話す】

はじめ：私の夢について話します。（話題の予告）

　　　　私の夢は，何だと思いますか。（応答関係）

なか　：私の夢は○○です。その理由は2つあります。

　　　　1つ目は□□だからです。（順序の言葉）

　　　　□□できたら，△△だと思うからです。（まとめの文）

　　　　2つ目は■■だからです。

　　　　○○になって，■■できたら▲▲になると思ったからです。

まとめ：これが，私の夢です。（まとめの文）

　　　　この夢を実現するために～をがんばりたいと思っています。

　　　　（今の気持ち）

むすび：何か質問はありますか。（呼びかけ文）

　　　　これで，私のスピーチを終わります。（むすび文）

　それぞれの部分の特徴を理解させること，1センテンス30文字程度でまとめること，話す時「えっと，えっと」と言わないことなどを，事前に指導し

て始めることが大切である。

高学年のスピーチ指導

　高学年では，「自分の成長」を言葉にしていく活動を意識したい。そのためには，まずスピーチメモをつくりながら，しっかりと内省していく必要がある。「１年間を振り返ろう」という指示だけでは，思い出をだらだらと羅列し，「楽しかったです」「うれしかったです」という言葉が並んでしまう。

　こうした状況に陥らないためにも，教師は，このスピーチ活動を何のためにするのか，どんなことを伝え合う活動にしたいのかを考え，スピーチの目的を子どもたちにしっかりと理解させる必要がある。スピーチメモを作成する前に，子どもたちと具体的なやりとりをしながら，内省を促していこう。

【例：学級活動「みんなの成長を祝う会」原稿作成時の教師の問いかけ】

Q：４月の自分と今の自分を比べて，大きく成長したことはどんなことですか？

Q：あなたを成長させた具体的な出来事はありましたか？

Q：つらかったこと，苦しかったことはありませんか？

Q：あなたが変わることができたのは，なぜですか？

Q：以前のあなたと，今のあなたはどう違いますか？

Q：あなたの成長に，関わってくれた人はいますか？

　導入時，教師と子どもでこうしたやりとりをすることで，それを聞いている周りの子どもたちもその答えを黙って探し始めるだろう。自分自身との対話が始まるのである。友達が語る姿を見ながら，「自分も同じことがあった」「あの時，つらかったけどがんばったな」と思い出す子もいるだろう。教師は一人ひとりへの問いかけを工夫して，その子の気持ちや思い，成長した姿を引き出していこう。

156

3学期のスピーチ活動を盛りあげるために

　スピーチを成功させるには，「読む」ではなく「語る」ということを意識させることが大切である。スピーチメモは，考えを整理したりまとめたりするために作成したものである。それを「語る」には，聞き手を意識して練習する必要がある。「どんな自分を見せたいか」と問いかけ，子ども自身に考えさせる。「立ち姿」「目線」「表情」「声」など，意識させたいことは板書したり掲示したりしておくとよいだろう。「3学期だからこそ」「最後だからこそ」という言葉で，本番に向けた練習をする。同時に，あたたかな雰囲気，あたたかな返しなど，スピーチを盛りあげる「聞き手」の指導もしていこう。

【聞き手になる子どもへの言葉かけ】
・スピーチをする姿で，よかったところを具体的にほめよう
・スピーチの内容の中で，特に心に残った言葉を取りあげ，どうして心に残ったのかを伝えよう
・成長した友達の姿を見て，あなたが考えたことを伝えよう
・「その人らしさ」が出ていたところを伝えよう

　子どもは，スピーチをすることによって，自分の心の奥底にあった思いを「言葉」で表現することができる。過去をじっくりと振り返り，その時の自分としっかり向き合った今だからこそ出てくる「言葉」がある。そして，その過去の出来事が「今の自分」をつくっていることにも気づくのではないだろうか。「成長を語る」というスピーチ活動が，「人間は，言葉をもとにして思考していくのだから言葉が育てば，心が育つ，人が育つ」という言葉を実現しているのではないだろうか。

〈倉岡　佳世〉

3学期　価値ある言葉があふれるクラスにする

学級ディベートであふれる価値ある言葉

●ディベートやディベート的な話し合いのまとめをしよう
●見えない内面の成長を捉えよう

ディベート的な話し合い

　1学期は，上手にできなくてもディベートを経験させ，主張の仕方や質問の仕方，反論の仕方はどうすればよいかという話し合いの技術を学ぶこと，「議論の楽しさ」に気づかせることをねらいとした。そして，2学期は1学期をベースにさらに立論⇒質疑⇒反論（反駁）の質を高めたディベートを行ってきた。

　集団としての高まりが見られ，子どもたちが自分たちの力でよりよいクラスにしていこうとする空気であふれる3学期。1学期，2学期までの学級ディベートの経験を通して，「対話することは楽しいこと」「かみ合った議論をすると考えが深まる」「もっとディベートをしたい」という気持ちを子どもたちはもっているはずである。3学期は，どんな論題についても主体的・対話的に学習できる姿を目指したい。そこで高学年であれば「日本はゴミの収集を全て有料化すべきである。〇か×か」などの政策を論じ合うテーマにも挑戦させたい。また，教科書の内容をもとにディベート的な話し合いを組み込んだ単元計画をしていき，知識重視の授業観にはない，これからの時代に求められる主体的・対話的で深い学びを年度末まで続けていきたい。

【ディベート的な話し合い　テーマ例】

社会科「くらしとごみ」：店はレジ袋を有料にするべきである
国語科「やまなし」　　：５月と12月はどちらが明るいか
国語科「海の命」　　　：太一の気持ちがガラリと変わったのはどこか

成長を言語化しよう

　学級ディベートを終えたら，菊池メソッドのひとつである「成長ノート」や「白い黒板」で学んだことや成長したことなどを言語化させたい。どの学習活動においてもそうであるが，活動と振り返りはセットである。特に３学期では「１年間のディベートやディベート的な話し合いの成長」について考える。そこで「試練の10番勝負」の中にこのテーマを組み込ませる。

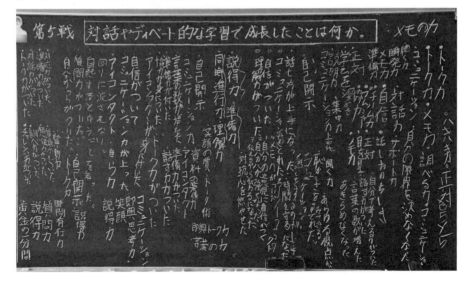

言語で見えてくる「あふれる価値ある言葉」

【ディベートの技術的な成長】	【人としての内面の成長】
①準備力	①やさしい心ができる
②人と意見を区別する	②心がオレンジ色になる
③圧倒的なメモの量	③人前が得意になった
④調べる力	④自分の意見に自信がついた
⑤公社会に必要な質問力	⑤心が変わる
⑥応答力	⑥絆を深める
⑦メリット・デメリット	⑦自分も相手も笑顔
⑧聞く力&考える力	⑧言葉で人の気持ちを動かす
⑨相手の目を見て話す	⑨納得の笑顔（笑顔の質）
⑩話し方（はやさ，強弱）	⑩対話でSAへの道へ近づける
⑪資料を活用する力	⑪あきらめない心
⑫show & tell	⑫一人ひとりの意見を尊重する
⑬即興思考力	⑬言葉の数は無限にある
⑭説得力	⑭相手がいるから成長できる
⑮アイコンタクト	⑮対話で感動できる

　子どもたちが書いた「成長ノート」や「白い黒板」の言葉を分類していく
と，このように大きく2つに分けることができる。「ディベートの技術的な
成長」と「人としての内面の成長」である。学級ディベートやディベート的
な話し合いの授業では，従来の一斉指導型の授業スタイルだけでは見られな
かった「内面の変容」が大きく見られるようになる。

　「意見を発表して，友達に笑われたらどうしよう」「『違います』と言われ
ることが怖い」というような不安を抱いていては，白熱する話し合いはでき
ない。「人前で意見を言うことは楽しい」「意見に自信がもてるようになっ

た」「仲間と話し合うことが好きだ」そう思える子どもたちに育てることができてこそ，本音で語り合える授業が実現する。仲間の意見を否定しない教室，みんなで考えをつくりあげることができる教室，あたたかい価値ある言葉があふれる教室を目指すために，「成長ノート」「価値語」「質問タイム」「ほめ言葉のシャワー」などといった日常的な取り組みによる学級づくりが基盤にあることも忘れてはならない。

学級ディベートで成長した子どもたちの実際

> 「ダンスコンクールには『自由曲』と『規定曲』のどちらで挑戦するべきか」

2019年度に担任している6年生の学級，5月の取り組みである。

5年生からの持ち上がりの学級（単学級）のため，全員が1年間学級ディベートやディベート的な話し合いを経験してきている。そのため，教師主導ではなく，子どもたち主導で「価値論題」の話し合いができる。

【自由曲派】
・ふりつけも考えるので，それがクラスの成長にもなる
・昨年のリベンジをするのであれば，自由曲で挑戦しないと意味がない
・規定曲に変更するというのは逃げているのではないか

【規定曲派】
・ふりつけも決まっているので練習に集中できる
・決まったふりつけだからこそ，そこに色づけすることが自分たちの成長につながる

子どもたちは休み時間も使い何日もこの話し合いを続けた。そこには仲間の意見を否定せず，全員の意見を受け入れながらも1つの答えを導き出そうとする姿があった。そこに学級ディベートの価値がある。　　　　　〈冨田　有統〉

学級じまい・次年度へ導く

　私は，在職中の年度末には，「試練の10番勝負」という取り組みをしていた。成長ノートに，10個のテーマで自分の考えを書かせる取り組みである。教師と子どもとの「真剣勝負」だった。

　以下は，ある年のテーマである。

①私にとって6年1組とは何だったのか？

②渡邊さんのチョンマゲは何の象徴なのか？

③成長ノートは私の何を育てたのか？

④なぜ，6年1組は話し合いが成立するのか？

⑤言葉（価値語）を得て自分はどう変わったのか？

⑥6年1組を漢字一文字で表すとしたら何か？

⑦「ほめ言葉のシャワー」は，なぜ6年1組を変えたのか？

⑧6年1組の特徴・特長は何か？（生活編）

⑨6年1組の特徴・特長は何か？（学習編）

⑩「言葉」の力とは何か？

　1年間のしめくくりを子どもたちと考え合った。「白い黒板」を全員でつくり，それを眺め合って話し合い，そして自分の考えを書き合った。一緒に教室で「生きて」きたことに感謝しながらの取り組みだった。

　子どもたちは，最終戦の後に，自分の思いを素直に書いていた。担任した当初は気持ちが荒れていた子どもは，次のように書いていた。その内容と，その子どもへの私の返事である。

○私は，この1年間で大きく大きく成長しました。菊池先生やみんなのおかげです。本当にありがとうございました。今は，感謝の気持ちでいっぱいです。本当にありがとうございました。

　5年生までは，今思うと不思議な気持ちになるのですが，言葉の力など考えたこともありませんでした。考えようともしませんでした。たぶん，みんなも同じだと思います。

　今こうやって思い返してみると，菊池先生は，言葉の力を1年を通して教えてくれたんだと思います。「教室にあふれさせたい言葉」「教室からなくしたい言葉」「1年後に言われたい言葉」「1年後に言われたくない言葉」の4つから6年1組はスタートしました。

　そして，価値語です。たくさんの価値語を私たちは学びました。Aさんの「ひとりが美しい」，Bさんの「まっ，いいか」など，私たちだけの成長の言葉です。思い出すと心があたたかくなります。

　そして，「言葉の力は人を育てるんだなぁ」と実感しています。このこと

は，これからも大事に心の中に入れておこうと思います。忘れません。
菊池先生と６年１組のみんな，私を育ててくれて，本当にありがとうござ
いました。明日が卒業式です。胸をはって卒業します。

◎●●さんへ

素直な内容に，心が震えています。

先生こそ，ありがとうございました。

●●さんの成長，みんなの成長，とてもうれしいです。それらは全て，先
生の成長でもありました。感謝の気持ちでいっぱいです。

明日はいよいよ卒業式ですね。大きな節目ですね。

●●さんが書いているように，胸をはってくださいね。成長した自分に自
信をもってくださいね。その輝く姿を見ながら，卒業証書授与の時に，●
●さんの名前を全力で読み上げます。

あなたが答えてくれるであろう「はい」という返事を全身で受け止めます。

明日からは，新しい世界に飛び出します。素敵なことですね。

新しい気持ちで，新しい世界で，新しい自分を見つけるのですね。

前を向いてください。

今は，少し名残惜しいですが，前を向いて進んでくださいね。

そんな●●さんやみんなであることを願っています。

「立ち止まらず，前へ」です。「常に，前へ」です。

とても幸せな１年間でした。

たくさんの成長を見せてくれて，本当にありがとうございました。

先生も，明日お別れをしたら，

４月にまた出会うであろう子どもたちとのことを考えます。

６年１組よりももっとすばらしい学級を創るためです。

明日でお別れです。

元気でね。さようなら。

●●さんの担任　菊池省三

私は，私の返事の中に，「学級じまい・次年度へ導く」担任としてのあるべき考え方を書いたつもりだ。
・成長を心から認める
・感謝の気持ちを伝える
・必ず別れはくることを教える
・いつまでも「過去」を引きずってはいけないことを教える
・お互いに「未来」を向いて進むことを確認する
　このようなことを，子どもたちに責任をもって伝えるべきだと考えている。このくり返しが人生だと思っているからだ。出会いと別れをくり返すのが，教師の宿命だ。
　この子どもたちは卒業した後，新年度私が受け持った学級に放課後やってきた。誰もいない教室で，後輩たちへのメッセージを黒板に書いていた。あたたかい言葉の中に，新しい世界でも素直に生きている卒業生の事実を感じた。別れの1秒前まで全力で子どもたちを育て，その後の子どもたちの成長を信じること。このような教師の覚悟は，必ず子どもたちに伝わるものだと思う。教師としての真価が問われるのが，この「学級じまい・次年度へ導く」指導だと思う。

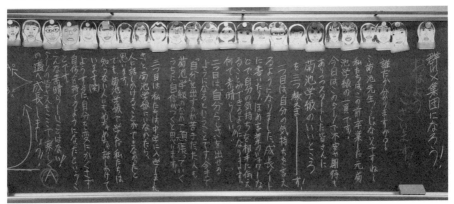

〈菊池　省三〉

【執筆者紹介】（執筆順）

菊池　省三	菊池道場道場長・元福岡県北九州市立小学校
曽根原　隼	山形県飯豊町立第二小学校
西村　昌平	岡山県倉敷市立粒江小学校
伊東　大智	大分県佐伯市立渡町台小学校
中國　達彬	広島県公立小学校
橋本　慎也	熊本県熊本市立託麻原小学校
江﨑　高英	兵庫県神戸市立小学校
堀井　悠平	徳島県徳島市加茂名小学校
吉良　優祐	高知県いの町立伊野小学校
柴田　紀子	高知県黒潮町立拳ノ川小学校
濱田　久司	高知県公立小学校
河本勝一郎	高知県いの町立伊野小学校
甲野　裕理	熊本県玉名市立玉名町小学校
由川　裕治	熊本県八代市立太田郷小学校
深和　優一	兵庫県神戸市立東町小学校
小川　広暉	山形県寒河江市立寒河江中部小学校
田井地　清	山形県南陽市立沖郷小学校
大西　賢吾	大分県公立小学校
藤澤　稔	広島県公立小学校
岩下　学	熊本県菊陽町立武蔵ヶ丘小学校
南山　拓也	兵庫県西宮市立南甲子園小学校
荒井　隆聡	福島県下郷町立旭田小学校
後藤　航	山形県米沢市立北部小学校
木村　直人	大分県大分市立横瀬西小学校
倉岡　佳世	熊本県熊本市立城東小学校
冨田　有統	兵庫県稲美町立天満南小学校

【著者紹介】
菊池　省三（きくち　しょうぞう）
愛媛県出身。「菊池道場」道場長。
小学校教師として「ほめ言葉のシャワー」など現代の学校現場に即した独自の実践によりコミュニケーション力あふれる教育を目指してきた。2015年3月に小学校教師を退職。自身の教育実践をより広く伝えるため，執筆・講演を行っている。

菊池道場（きくちどうじょう）

菊池省三　365日のコミュニケーション指導
対話と絆をつくる最高の教室

2020年3月初版第1刷刊 ©著　者	菊　　池　　省　　三
	菊　　池　　道　　場
発行者	藤　　原　　光　　政
発行所	明治図書出版株式会社

http://www.meijitosho.co.jp
（企画）茅野　現（校正）嵯峨裕子
〒114-0023　東京都北区滝野川7-46-1
振替00160-5-151318　電話03(5907)6701
ご注文窓口　電話03(5907)6668

＊検印省略　　　　組版所　長野印刷商工株式会社

Printed in Japan　　　　ISBN978-4-18-264224-1
もれなくクーポンがもらえる！読者アンケートはこちらから
→